하나님과
함께하는
**부부기도
100**

하나님과 함께하는
부부기도 100

ⓒ 생명의말씀사 2023

2023년 10월 20일 1판 1쇄 발행
2025년 12월 23일　　　2쇄 발행

펴낸이 ǀ 김창영
펴낸곳 ǀ 생명의말씀사

등록 ǀ 1962. 1. 10. No.300-1962-1
주소 ǀ 서울시 종로구 경희궁1길 6 (03176)
전화 ǀ 02)738-6555(본사) · 02)3159-7979(영업)
팩스 ǀ 02)739-3824(본사) · 080-022-8585(영업)

지은이 ǀ 김민정

기획편집 ǀ 서정희, 김자윤, 장주연
디자인 ǀ 김혜진
인쇄 ǀ 예원프린팅
제본 ǀ 보경문화사

ISBN 978-89-04-16847-7 (03230)

저작권자의 허락 없이 이 책의 일부 또는 전체를
무단 복제, 전재, 발췌하면 저작권법에 의해 처벌을 받습니다.

**하나님이 우리를
사랑하신 것처럼**
서로 사랑하길
원합니다

들어가는 글

우리 부부가 하나님의 편에
서 있는지를 점검하는 시간입니다.

배우자를 만난 것만으로도 행복한 시절이 있었습니다. 그러나 이 사람과 함께라면 정말 행복할 것 같아서 결혼하지만, 바로 그 사람 때문에 가장 불행한 사람이 되기도 합니다.

아름다운 포도원을 기대했지만, 온통 망가져 버린 잡초 숲이 되기도 합니다. 포도원을 망가뜨리는 일은 간단합니다. 그냥 두면 됩니다. 아무것도 하지 않고 방치하기만 하면 금방 잡초가 자라고 벌레가 가득하고 열매를 맺지 못하는 잡초 숲이 되어 버립니다.

부부관계도 그렇습니다. 그냥 각자 하고 싶은 대로 하고, 감정이 느끼는 대로 말하고 행동하면 어디가 경계선인지도 모를 망가진 포도원이 됩니다. 노력해서 가꾸지 않고 그냥 두는 것, 이것이 포도원을 가장 빨리 망치는 비결입니다.

배우자를 위한 기도는 내가 대접받고 싶은 시종을 만들기 위한 기도가 아닙니다.

혹은 내가 원하는 스타일의 사람으로 바꾸기 위한 기도도 아닙니다.

부부를 위한 기도는 부부관계를 방치하지 않고 어떻게 하나님의 뜻 가운데 가꾸어 갈지를 고민하고 하나님께 아뢰는 시간입니다.

배우자를 위해 기도하며, 부족한 나를 위해 기도하는 시간입니다. 배우자를 조정하는 시간이 아니라, 나를 함께 조정해 가는 시간입니다. 나의 기준에서 벗어나 하나님의 기준으로 정렬하고 배우자도 그러하길 기도하는 시간입니다. 누가 이기냐의 싸움을 위해 하나님을 내 편으로 끌어들이는 시간이 아니라, 우리 부부는 과연 하나님의 편에 서 있는지를 점검하는 시간입니다.

현실 생활은 아주 다양하고 복잡합니다. 그 생활의 미세한 순간에도 하나님의 손길이 필요합니다. 미세한 상처가 쌓여 오해를 낳고 불화를 가져오기 때문입니다. 하나님 앞에 기도함으로 그 미세한 순간들 속에서 하나님의 방식으로 평화를 만들어 가길 바랍니다.

때론 이해하기보다 받아들여야 끝나는 전쟁도 있습니다. 아무리 이해하려 해도 이해되지 않는 것을 받아들일 수 있는 힘을 하나님이 주실 수도 있습니다. 그래서 기도하는 것입니다.

이것이 기도의 신비입니다. 기도는 막연하고 추상적인 것이 아닙니다. 구체적이고 현실적이며 그것이 삶에 적용이 되어야 합니다. 생활에 밀접한 기도를 통해 배우자와 나와의 생활이 하나님께 더 밀착되는 순간순간 되시기를 바랍니다. 멋진 말로 꾸미지 않아도 됩니다. 나의 진솔한 고백이 우리를 더 깊은 기도로 이끌어 줄 것입니다.

부부를 위한 기도는 내 미래를 위한 기도입니다. 일평생 가장 오랜 시간을 함께 살아야 하는 가장 중요한 사람, 중요한 관계이니까요. 좋은 동반자가 될 수도, 깊은 수렁이 될 수도 있는 부부관계를 전능하신 하나님께 올려드립시다. 하나님께는 불가능이 없으시니까요. 아마 내 인생의 행복을 위한 가장 가치 있는 시간이 될 것입니다. 이제 당신의 배우자를 위한 기도를 시작해 보십시오.

_김민정

1장

**이 모든 것 위에 사랑을 더하라
이는 온전하게 매는 띠니라**(골 3:14)

그동안 잘 지냈던 건 어쩌면 배우자가
잘 참아 줬기 때문일지도 모릅니다.
"이 사람을 사랑하는 것이
내 삶에 가장 지혜로운 길임을 인정합니다.
먼저 사랑하고, 먼저 안아 주게 하소서."

01

나의 사랑을 사랑하게 하소서

사랑의 하나님 아버지,
사랑하는 사람을 만나 결혼하게 하신 아버지, 감사합니다.
결혼할 때는 사랑하여 결혼했으나,
살면서 사랑하지 못함을 용서하소서.
결혼할 때는 보이지 않던 많은 단점으로 인해
불평했던 것을 용서하소서.
나에게 배우자의 단점이 보였다면
분명 배우자의 눈에도 나의 단점이 보였을 텐데,
마치 나만 흠을 발견한 것처럼 여겼던 교만함을 회개합니다.

내가 사랑한 사람은 신이 아니라 인간임을 인정합니다.
내가 인간이며 다양한 단점을 가진 것처럼
나의 배우자도 그러할 것입니다.
이 인정함을 통해 결혼은 이벤트가 아니라
생활이며 삶임을 받아들입니다.
이제 일상을 통해 동반자가 있음 자체로 감사하게 하소서.

> "누가 누구에게 불만이 있거든 서로 용납하여 피차 용서하되
> 주께서 너희를 용서하신 것같이 너희도 그리하고
> 이 모든 것 위에 사랑을 더하라 이는 온전하게 매는 띠니라"
> (골 3:13-14).

나의 많은 단점을 발견하고도
묵묵히 나를 받아들여 줌에 감사하게 하소서.

오늘 내가 바라보는 이 사람은
그래도 내 곁에 머물러 주는 고마운 사람입니다.
결국 나에게 가장 중요한, 나의 가장 가까이 있는 사람입니다.
이 사람을 사랑하는 것이
내 삶에 가장 지혜로운 길임을 인정하고 고백합니다.
먼저 사랑하게 하시고, 먼저 다정하게 하시고,
먼저 손 내밀어 안아 주게 하소서.
나의 모든 사랑의 근원 되시는
예수 그리스도의 이름으로 기도합니다. 아멘!

02

사랑의 관계에 하나님의 일하심이
가장 필요합니다

나의 아버지 하나님,
귀한 가정을 허락해 주심에 감사합니다.
배우자를 생각할 때 100% 만족하는 사람은 아무도 없을 것입니다.
살아가면서 저 사람은 나를 얼마나 위하는지,
나를 얼마나 사랑하는지 떠보지 말게 하소서.
언제나 그 사랑의 무게를 저울에 놓고
내 사랑보다 무거운지를 재보지 말게 하소서.
늘 계산하는 마음으로 지켜보고만 있다면
그 시간만큼 낭비임을 알게 하소서.

하나님의 사랑은 언제나 먼저 찾아가는 것이었고,
먼저 사랑하는 것이었습니다.
하나님을 알고 믿는다 하면서
나의 사랑은 하나님이 아니라 사람의 것이었음을 회개합니다.
상대방을 떠보느라 곱지 못한 시선으로 지켜보던 것을 회개합니다.
재고 떠보려는 그 시간에 내가 먼저 사랑하게 하소서.

"사랑하는 자들아 하나님이 이같이 우리를 사랑하셨은즉
우리도 서로 사랑하는 것이 마땅하도다"
(요일 4:11).

내심을 가진 대화가 아니라,
순수한 마음의 대화를 시도하게 하소서.

하나님의 일하심을 구하며
나의 가정에 나의 배우자와의 관계를 먼저 내어 드리게 하소서.
사랑의 관계에 하나님의 일하심이 가장 필요합니다.
나를 위해 달라는 마음 대신에,
내가 먼저 나의 배우자를 위해 주게 하소서.
배우자는 나와 한 몸이니
배우자를 위하는 것은 곧 나를 위하는 것입니다.
주님의 사랑이 임하여 이 가정을 감싸 주소서.
사랑의 모범이 되신
예수 그리스도의 이름으로 기도합니다. 아멘!

03
요구하는 태도를 버리게 하소서

하나님 아버지,
사랑하는 배우자를 주심에 감사합니다.
누구나 다 배우자를 만나는 것이 아님을 알고,
이 만남을 더 귀히 여기게 하소서.
세상에 당연한 것은 아무것도 없음을 고백합니다.
오늘 내가 누리는 모든 만남과 사랑 또한
당연하지 않은 것임을 인정합니다.
그래서 하나님이 주신 만남과 사랑에 감사를 드립니다.

누구나 사랑하는 배우자에 대한 기대감이 있으나,
그것이 요구가 되지 말게 하소서.
나의 배우자이니 이 정도는 당연히 해 줄 거라
스스로 착각하지 말게 하소서.
서로 다른 기대와 다른 그림을 가지고 만났음을 인정하고
대화하고 나누게 하소서.

> "모든 겸손과 온유로 하고 오래 참음으로 사랑 가운데서 서로 용납하고
> 평안의 매는 줄로 성령이 하나 되게 하신 것을 힘써 지키라"
> (엡 4:2-3).

그래서 서로의 그림을 맞춰 가며
하나의 가정을 이루기 위해 노력하기 원합니다.
노력 없이 상대에게 요구하는 태도를 버리고
나부터 달라지게 하소서.

사랑을 지키기 위해 무엇보다 애쓰고 노력하게 하소서.
기도하게 하시고, 마음을 열어 대화하게 하시고,
마음 다해 노력하게 하소서.
세상에 둘도 없는 하나뿐인 배우자를 지키고 사랑하기 위해
마음을 쏟게 하소서.
이 세상 어떤 것도 그냥 지켜지는 것은 없음을 기억하게 하소서.
하나님의 은혜가 필요합니다.
이 가정을, 이 사랑을 지키게 하소서.
예수님의 이름으로 기도합니다. 아멘!

04

주님이 지키셔야 온전합니다

하나님 아버지,
오늘도 우리의 연약함을 돌아보시는 아버지, 감사합니다.
하나님이 지켜 주지 않으신다면
우리는 아무것도 아닌 존재임을 고백합니다.
언제나 그러셨던 것처럼 오늘도 주님의 보호하심을 구합니다.
나와 나의 배우자와 가족을 위해 아버지의 성벽을 둘러 주소서.
내가 지키려고 아등바등하는 것을 모두 내려놓겠습니다.

하나님의 손에 배우자를 올려 드립니다.
그 사람의 건강과 지혜, 능력을 보호하소서.
하나님이 주신 모든 것이니 주님이 지키셔야 온전할 줄 압니다.
물리적인 모든 것보다 더욱 영적인 악함에서 안전하게 하소서.
하나님의 자녀로서 악한 세력에 넘어지지 않게 하소서.

"내가 너를 내 손바닥에 새겼고
너의 성벽이 항상 내 앞에 있나니"
(사 49:16).

하나님의 안전지대 안에서 평안을 누리기 원합니다.
나만 누리는 것이 아니라,
배우자와 함께 누리고 나눌 수 있게 하소서.
사랑을 나누는 것만큼 평안을 나누게 하소서.
서로가 서로를 향해 가장 아름다운 것을
누리길 바라고 있음을 알게 하소서.
나의 안전이 되시는
예수 그리스도의 이름으로 기도합니다. 아멘!

05

아름다운 말이 끊이지 않게 하소서

좋은 것 주시는 하나님 아버지,
일평생 사랑할 사람을 허락하신 아버지, 감사합니다.
이 모든 만남 가운데 하나님의 뜻이 있음을 믿고 신뢰합니다.
하나님이 허락하신 선물처럼 이 사랑을 보듬고 키우게 하소서.
주님이 주신 배우자를 즐거워하고 기뻐하게 하소서.
일평생 나의 곁에서 함께할 이 선물 위에
축복의 축복을 내리소서.

나에게 가장 중요한 관계인 배우자를 향하여
언제나 아름다운 말을 하게 하소서.
나의 마음에 있는 가장 소중한 것을 말로 잘 표현하게 하소서.
마음에만 담아 두고 입술로는 생계의 말만 한다면
누가 그 사랑을 알겠습니까.
세상 누구도 말하지 않은 마음을 알 길은 없음을 명심하게 하소서.

> "사람은 그 입의 대답으로 말미암아 기쁨을 얻나니
> 때에 맞는 말이 얼마나 아름다운고"
> (잠 15:23).

때로 나의 마음이 변화되어 무심해질 때,
오히려 더 아름다운 말을 하게 하소서.
나의 언어가 연습되지 못하여
어떤 말을 해야 할지 모를 때가 많이 있습니다.

언어의 변화가 사랑의 변화를 가져온다는 믿음을 갖게 하소서.
아름다운 말이 아름다운 사랑을 가져옴을 알고
언어가 먼저 바뀌게 하소서.
나의 귀한 사람에게 어울리는 좋은 말들이
우리 가정에 넘치게 하소서.
상한 마음에 언제나 위로자 되시는
예수 그리스도의 이름으로 기도합니다. 아멘!

06

내가 용서 받은 것처럼
용서할 수 있는 힘을 주소서

소망의 하나님 아버지,
언제나 나의 과거보다 미래를 기대하시는 아버지, 감사합니다.
나의 모든 잘못을 용서하시고, 회개하는 자에게
기회를 주심에 감사합니다.
내가 아버지께 용서받은 것처럼
다른 사람을 용서하는 자 되게 하소서.
사랑하기 때문에 더 아프고,
사랑하기 때문에 더 잊을 수 없는 일이 있습니다.
그럼에도 불구하고 용서의 문 앞에서 망설임을 용서하소서.

내가 받는 용서는 아주 쉽게 즉각적으로 받으면서
내가 해야 하는 용서는
일평생을 쥐고 있는 악함을 회개합니다.
마음속에 되뇌며 끊임없이 묵상하는
배우자의 잘못을 떨쳐 버리게 하소서.
나를 위해 아픔의 기억을 떨쳐 버리게 하소서.

"우리가 우리에게 죄지은 자를 사하여 준 것같이
우리 죄를 사하여 주시옵고"
(마 6:12).

나의 죄 됨을 사하신 예수 그리스도의 은혜를 기억하고
나도 용서하게 하소서.

오늘 배우자의 잘못을 모두 용서하기 원합니다.
용서할 수 있는 힘을 주소서.
나를 위해 미움의 족쇄를 끊고
나도, 배우자도 자유하게 하소서.
용서는 새로운 시작점에 서는 인생의 소망임을
기억하게 하소서.
십자가를 기억하며 주님 앞에 나아갑니다.
모든 용서의 힘이 되어 주시는
예수 그리스도의 이름으로 기도합니다. 아멘!

07

역경을 만날 때 동지 되게 하소서

구원의 하나님 아버지,
역경과 도전을 만난 배우자를 위해 기도합니다.
이 세상에 살면서 어렵고 힘든 일을 피할 수 없음을
고백하고 도우심을 구합니다.
나의 사랑하는 배우자가 역경과 힘든 일을 만났습니다.
그 누구보다 내가 지지자가 되게 하시고,
도움을 베푸는 자가 되게 하소서.
상황을 분석하고 잘잘못을 가리는 일은
절대로 입 밖에 내지 않게 하소서.

지금 하나밖에 없는 나의 배우자에게 필요한 것은
따뜻한 품입니다.
그 품이 내가 되게 하소서.
그리고 괜찮다 다독이며 안전하다 말해 주게 하소서.
가까이 있어서 내가 가장 잘 알고 있다는 것 때문에
정확하게 아픈 곳을 찌르지 말게 하소서.

> "너희가 비판하는 그 비판으로 너희가 비판을 받을 것이요
> 너희가 헤아리는 그 헤아림으로 너희가 헤아림을 받을 것이니라"
> (마 7:2).

역경으로 화살을 맞은 배우자에게 판단으로
다시 가슴에 화살을 꽂지 말게 하소서.
안아 주고, 감싸 주고, 소망을 주고,
괜찮다 말해 주는 동지 되게 하소서.

배우자의 역경은 곧 나의 역경이니
함께 동지 되어 이겨 가게 하소서.
이런 과정을 통해 다시 사랑이 견고해지게 하시고,
자신감을 얻게 하소서.
배우자의 어려움이 비난거리로 전락하는 일이 없게 하소서.
가장 어려울 때 가장 먼저 달려가는 사람이
바로 내가 되게 하소서.
수렁에서 가장 먼저 건지시는
예수 그리스도의 이름으로 기도합니다. 아멘!

08

서로를 자랑스럽게 여기게 하소서

먼저 오시는 하나님 아버지,
언제나 나를 먼저 찾아오시고,
먼저 사랑하시는 아버지, 감사합니다.
하나님이 허락하신 배우자를 위해 기도합니다.
나의 기준을 가지고 판단하기보다,
그 사람의 아름다움을 먼저 보게 하소서.
판단보다 감사가 앞서는 부부 관계 되게 하소서.
나도 치우친 사람이니 나의 판단이 옳을 리 없습니다.

내 생각이 꼭 옳을 거라는 단정적인 믿음을 버리게 하소서.
그리고 먼저 나의 배우자에게 신뢰를 던질 수 있게 하소서.
보고 판단하고 믿어 주는 것이 아니라, 먼저 믿어 주게 하소서.
그 신뢰가 나의 배우자로 하여금
더 멋진 사람이 되게 할 것을 믿습니다.
하나님이 나를 믿어 주고 기다리셨듯이 나도 그리하기 원합니다.

"그러므로 교회가 그리스도에게 하듯
아내들도 범사에 자기 남편에게 복종할지니라
남편들아 아내 사랑하기를 그리스도께서 교회를 사랑하시고
그 교회를 위하여 자신을 주심같이 하라"(엡 5:24-25).

사랑하는 배우자가 사회에서 사람들에게
신뢰받는 사람 되게 하소서.
누구든 믿음을 주고 사랑받는 사람 되기 원합니다.
그 무엇보다 가정에서 그런 대우를 주고받게 하셔서
서로를 자랑스럽게 여기기 원합니다.
그 자신감으로 세상에서 승리하는 사람 되게 하소서.
나를 끝까지 믿고 기다리시는
예수 그리스도의 이름으로 기도합니다. 아멘!

09

부부가 가장 친하기 원합니다

사랑의 하나님 아버지,
나를 신부로 부르셔서 거룩하게 하시고
기쁘게 맞아 주시는 아버지, 감사합니다.
하나님은 언제나 나를 책임지시고, 사랑하시고,
끝까지 인도하셨습니다.
언제나 우리의 사랑을 갈망하시고,
깊은 사랑의 관계를 원하십니다.
우리 부부도 그런 사랑의 갈망이 있게 하소서.
시간이 지나가도 더욱 깊이 있는 사랑을 나누게 하소서.

가정에서는 무덤덤하고 밖에 나가 친구들과
가장 큰 비밀을 공유하지 말게 하소서.
가정에서 제일 깊은 비밀을 공유하고,
서로의 고민을 나누게 하소서.
이 세상 누구보다 부부가 가장 친한 친구가 되게 하시고
한 몸이 되게 하소서.

"무화과나무에는 푸른 열매가 익었고
포도나무는 꽃을 피워 향기를 토하는구나
나의 사랑, 나의 어여쁜 자야 일어나서 함께 가자"
(아 2:13).

머리 따로, 몸 따로, 마음 따로 나누어
가르는 일이 없게 하소서.
누구보다 서로 불쌍히 여기고,
누구보다 서로 편들어 주고,
누구보다 서로 유쾌하게 하소서.

경제적인 것을 이루기 위한 공동 사명만을 외치며 사는
부부 되지 말게 하소서.
함께 생을 나누고, 위로하고,
누구보다 친하고 즐거운 부부가 되게 하소서.
그러기 위해 나부터 마음을 나누고 소중히 여기기 원합니다.
기능만 바라보지 말고, 배우자의 마음을 바라보게 하소서.
끝까지 나를 사랑하신
예수 그리스도의 이름으로 기도합니다. 아멘!

10

불가능한 환상이 아닌 현실의 행복을 누리게 하소서

기쁨의 근원 되신 하나님 아버지,
날마다 우리의 가정을 눈동자와 같이
보고 계시는 아버지, 감사합니다.
그 아버지의 사랑을 인하여 우리 부부가 더욱 강건해짐을 믿습니다.
아름다운 가정을 이루기 위해 존재하지 않을 환상을 버리게 하소서.
내가 완벽한 남편과 아내가 아닌 것처럼
나의 배우자도 그러함을 인정하게 하소서.

우리의 살아갈 날이 50년,
아니 때로 70년이 될 수도 있음을 알게 하소서.
이루지 못할 환상을 버리게 하시고,
오늘 맞은 현실에서의 작은 행복을 누리게 하소서.
아주 작은 일에 감사하게 하시고,
배우자를 환상 속의 사람으로 만들려 하지 말게 하소서.
서로가 오늘의 현실에 자족하게 하시고,
서로를 기뻐하게 하소서.

"마른 떡 한 조각만 있고도 화목하는 것이
제육이 집에 가득하고도 다투는 것보다 나으니라"
(잠 17:1).

포장된 TV 속의 누군가를 꿈꾸며
닦달하는 불행에서 벗어나게 하소서.
나의 분깃에 기뻐하고 감사하며
서로의 사랑을 누리게 하소서.

불가능한 환상도 탐욕임을 인정하고 회개합니다.
이 땅에 발을 디디고 현실을 바라보며
한 걸음, 한 걸음 쌓아 가는 부부 되게 하소서.
이 세상에 단 하나뿐인 나의 배우자를 바라보며
예뻐하고 귀히 여기게 하소서.
나의 가진 것을 소중히 여기며 값지게 대우하는 데서
행복이 시작됨을 알게 하소서.
부족한 나를 가장 소중히 여기시는
예수 그리스도의 이름으로 기도합니다. 아멘!

11

아버지의 인도로 고쳐 가소서

나의 하나님 아버지,
세상 가장 멋진 꿈을 꾸며 가정을 이루지만,
때로는 지옥 같은 아픔이 있음을 고백합니다.
그 아름답던 꿈은 어디로 가고, 어쩌다 이런 상황이 되었는지요.
나의 꿈이 아름다웠던 만큼 상처도 커서
복수심이 불타오를 때가 있음을 회개합니다.
모든 것은 배우자의 탓이 되고,
하루 종일 원망과 후회의 마음만 가득함을 용서하소서.
이제 생각을 전환하여 하나님의 방식으로
나의 생각을 바꾸기 원합니다.

상처를 묵상하고 과거를 되새기며
상대방의 잘못을 증명하기 위해 하루 종일을 보냅니다.
상대방의 잘못을 증명해 내는 것이
나의 승리인 양 고민에 빠져 있음을 용서하소서.
그것이 증명된들 내가 행복해지는 것이 아닌데 말입니다.

"경우에 합당한 말은
아로새긴 은 쟁반에 금 사과니라"
(잠 25:11).

상대의 잘못을 증명하려는 마음을 멈추고,
우리 가정에 문제 있음을 인정하게 하소서.
그리고 이 가정으로 하나님을 초대하게 하소서.

하나님의 방법으로만 사람이 고쳐질 수 있음을 고백합니다.
배우자만이 아니라 나도 고쳐져야 하는 사람임을 인정합니다.
이제 우리 부부를 아버지의 인도하심으로 고쳐 가소서.
나의 잘못을 증명하는 마음으로 회개하며 나아갑니다.
죽은 자도 살리시는 아버지의 능력을 믿고
이 가정을 내어 드립니다.
나의 주 예수 그리스도의 이름으로 기도합니다. 아멘!

12

모든 피해로부터 안전하게 지키소서

세상을 만드신 하나님 아버지,
온 우주 만물을 만드신 아버지를 찬양합니다.
하나님이 만드신 세상이지만,
이 세상에서의 고난이 있음을 인정합니다.
살면서 우리 부부가 고난을 피해 갈 수는 없겠지만,
이겨 가는 힘을 허락하소서.
육체적인 피해로부터 하나님의 보호하심을 구합니다.
정신적으로 피폐해 가지 않도록
악한 사람들로부터 구해 주소서.

내 배우자의 안전을 지켜 주실 때
몸도, 마음도, 영혼도 지켜 주소서.
무엇보다 내가 나의 배우자를 향한
가해자가 되지 않게 하소서.
내 마음이 상한다고 배우자의 마음을 공격하여
상처를 내지 말게 하소서.

"의인은 고난이 많으나 여호와께서 그의 모든 고난에서 건지시는도다
그의 모든 뼈를 보호하심이여 그중에서 하나도 꺾이지 아니하도다"
(시 34:19-20).

혹여 그런 일이 있다면 나의 죄악을 용서하소서.
물리력을 행사하여 배우자의 육체를
상하게 하는 죄를 멀리하게 하소서.

때리지 않는다고 아프게 하지 않는 것이 아님을
명심하고 늘 조심하게 하소서.
말로 낸 상처가 배우자의 생명력을 앗아 갈 수도 있음을
기억하게 하소서.
일에 혹사시킴으로 그의 육체를 상하게 할 수 있음을
알게 하소서.
앙갚음보다, 돈보다, 도리보다 배우자가
더 중요함을 잊지 말게 하소서.
나의 상처를 부둥켜안아 주시는
예수 그리스도의 이름으로 기도합니다. 아멘!

13

독립적이나 하나 되게 하소서

하나님 아버지,
모든 인간을 아름답게 만드시고,
존중하고 사랑해 주심에 감사드립니다.
자라나 성인이 되면 부모를 떠나 독립하게 하시고,
가정을 이루게 하시니 감사합니다.
배우자를 만나 하나 될 때에 건강한 하나 됨을 이루게 하소서.
구속하는 하나 됨이 아니라,
자유하나 마음과 삶을 공유하는 하나 됨을 이루게 하소서.
누군가에게 함몰되는 관계가 아니라,
서로를 존중하고 바라보는 하나 됨 되길 원합니다.

서로 획일화되기 위해 누군가를 꿰어 맞추지 말게 하소서.
성경적인 하나 됨은 똑같은 생각, 똑같은 행동, 똑같은 지침을 말하는 것이 아닙니다.
서로 다르지만 보완하게 하시고,
서로 달라서 배울 것이 있게 하소서.

> "이러므로 남자가 부모를 떠나 그의 아내와 합하여
> 둘이 한 몸을 이룰지로다"
> (창 2:24).

다르지만 화목하고, 달라서 도움을 받고,
다르기 때문에 보완할 수 있음에 감사드립니다.
달라서 사랑했던 것을 기억하게 하소서.

누군가 한 사람에게만 맞추려 하지 말게 하소서.
서로가 조금씩 닮아 가며,
서로가 조금씩 다가가서 하나 됨을 이루게 하소서.
달라서 내가 할 수 없는 것을 할 수 있음에
감사드리는 배우자 되게 하소서.
다름은 하나님의 창조의 가장 첫 원리임을 믿고 찬양합니다.
우리를 화목케 하시는
예수 그리스도의 이름으로 기도합니다. 아멘!

14

존중받기 전에
먼저 존중하기를 원합니다

하나님 아버지,
언제나 한 영혼으로 나를 사랑하시고
존중하시는 사랑에 감사드립니다.
하나님이 우리를 얼마나 인격적으로 다루시는지 기억합니다.
신이신 아버지께서 한 인간을 향하여
그리 존중하신다면 나는 할 말이 없습니다.
내가 존중받은 다음에 존중하겠다는 마음을 버리게 하소서.
언제나 내가 먼저 아버지의 뜻을 따라 존중하게 하소서.

하나님이 허락하신 사랑하는 배우자는 존중받아 마땅합니다.
그리고 그것이 하나님의 뜻인 것을 믿습니다.
그렇다면 반응을 보고 존중하는 것이 아니라,
아버지의 뜻을 따라 순종하게 하소서.
배우자를 존중하는 것은 곧 나를 존중하는 것과 같습니다.
식성이든, 취향이든, 의견이든, 일의 방식이든 나무라지 말고
먼저 포용하게 하소서.

"사랑에는 거짓이 없나니 악을 미워하고
선에 속하라 형제를 사랑하여 서로 우애하고
존경하기를 서로 먼저 하며"
(롬 12:9-10).

나이가 많다고, 배운 것이 많다고,
내가 경제력을 가졌다고 통제하려는 것을 버리게 하소서.
주도권 싸움을 하느라 힘은 가졌으나
사랑을 놓쳐 버리는 어리석음을 버리게 하소서.
부부간에 모든 일을 옳고 그름의 기준으로 판단하면
싸움밖에 되지 않습니다.
서로에게 유익한 것, 다투지 않는 것,
서로 상처받지 않는 선택을 하게 하소서.
언제나 사람을 가장 소중히 여기시는
예수 그리스도의 이름으로 기도합니다. 아멘!

15

상처 주는 다툼이 아닌
해결하기 위한 다툼을 하게 하소서

평화의 하나님 아버지,
이 땅의 모든 벽을 허물고 하나 되게 하신 아버지, 감사합니다.
부부로 살다 보면 다투고 싸울 일이 너무 많음을 고백합니다.
그 다툼 속에서 나의 모습은 참 온전하지 못했음을 회개합니다.
때로는 상처 주는 게 목적이었던 것을 용서하소서.
배우자의 잘못을 증명하려 싸웠던 것을 회개합니다.

살면서 다툼이 없을 수 없으나, 다툴 때에 예의를 갖추게 하소서.
감정을 폭발하는 다툼이 아니라,
문제 해결을 위한 다툼을 갖게 하소서.
사랑의 소통이 불가하다면,
다툼을 통해 서로를 알아 가는 소통 되게 하소서.
가장 분명한 원칙!
나는 당신을 사랑하고 있음을 믿고 다투게 하소서.
요동치는 감정에 속지 말게 하소서.

> "분을 내어도 죄를 짓지 말며 해가 지도록 분을 품지 말고
> 마귀에게 틈을 주지 말라"
> (엡 4:26-27).

할 수 있거든 다투지 않고
이성적으로 대화를 나누려 노력하게 하소서.
말하지 않을 뿐 분명 이유가 있음을 먼저 믿어 주게 하소서.
그래서 서로 경청하려 할 때
우리 가정에서 다툼이 사라질 것을 믿습니다.
말하기 전에 듣게 하시고,
들으며 배우자의 마음속 이유를 찾아내게 하소서.
다툼 속에서 화목을 허락하실
예수 그리스도의 이름으로 기도합니다. 아멘!

16

외모보다 듣는 귀가 사랑스럽도록 하소서

언제나 말씀하시는 하나님 아버지,
우리와 대화하기 원하시고,
언제나 아버지의 뜻을 알려 주시는 아버지, 감사합니다.
하나님은 늘 말씀하시는데
나의 고집과 듣는 귀가 어두워 듣지 못함을 용서하소서.
나의 욕망은 늘 말하는 데 빠르고,
듣는 귀를 닫고 고집부리고 있음을 회개합니다.
대부분의 문제는 충분히 들음으로 해결될 수 있음을 알게 하소서.
속마음을 추측하지 말고 듣게 하소서.

모든 추측은 사탄의 소리를 담을 때가 많음을 알고 피하게 하소서.
곁에 두고 추측하지 말고 문제가 생기기 전에
순순히 들어 주는 귀가 되게 하소서.
배우자의 사소한 소리까지 경청하려 할 때
내심은 사라지고 진심만 들릴 줄 믿습니다.

> "내 사랑하는 형제들아 너희가 알지니 사람마다 듣기는 속히 하고
> 말하기는 더디 하며 성내기도 더디 하라
> 사람이 성내는 것이 하나님의 의를 이루지 못함이라"
> (약 1:19-20).

나의 듣는 귀가 미워서
상대의 꼬투리 잡을 것만 들을 때도 있습니다.
나의 듣는 귀가 아름다워지게 하소서.
순해지게 하소서.

이 세상에 사랑할 유일한 나의 배우자를
온전히 사랑하게 하소서.
금이 가기 전에 먼저 노력하게 하시고,
그 노력을 공유하고 함께하게 하소서.
결국 누가 먼저 들어 주고,
누가 먼저 용납하느냐는 누가 어른이냐와 같습니다.
어린아이의 일을 버리고,
배우자를 향하여 진정 어른의 모습을 갖게 하소서.
언제나 나의 사정을 들어 주시는
예수님의 이름으로 기도합니다. 아멘!

17

경제적인 어려움이
다툼이 되지 않게 하소서

공급자 되시는 하나님 아버지,
오늘도 나의 배우자를 위하여 기도합니다.
함께 동행하는 삶을 살면서
경제적인 안정을 허락해 주시길 소망합니다.
재물 얻을 능을 허락하여 주소서.
배우자와 함께 경제활동을 할 때에
주님의 공급하심을 얻게 하소서.
나의 힘으로, 배우자의 힘으로만 불가능한 것을 고백합니다.

하나님이 주신 자원들을 관리할 때 지혜를 주소서.
이 재물이 나의 것이 아니라,
하나님께로부터 왔음을 함께 고백하게 하소서.
물질이 부족하여 다투거나 불화의 원인이 되지 않게 하소서.
경제적인 어려움 때문에 불행하다 여기거나 원망하지 않게 하소서.
오히려 힘을 합쳐 서로를 위로하고 다시 일어서는 힘을 주소서.
서로가 재물을 탐욕의 마음으로 보지 않게 하소서.

"너의 행사를 여호와께 맡기라
그리하면 네가 경영하는 것이 이루어지리라"
(잠 16:3).

물질로 인해 서로를 원망하지 않고
언제나 작은 것에도 감사를 표하게 하소서.
함께 세워 가는 가정이라는 이유만으로
힘과 위로가 되는 공동체 되게 하소서.
배우자를 돈 버는 기능으로 바라보지 않고,
언제나 존재로 바라보게 하소서.
일용할 양식을 공급하시는
예수 그리스도의 이름으로 기도합니다. 아멘!

18

상처를 묵상하는 대신
용서를 결단하기 원합니다

은혜의 하나님 아버지,
언제나 나의 모든 죄악을 용서하시고,
다시 기회를 주심에 감사드립니다.
가까운 사람을 통해 많은 사랑을 받지만,
또한 많은 상처를 받음을 고백합니다.
상처를 받지 않으려 해도 상한 마음이 생김을 용서하소서.
나의 약한 자존감을 회복시켜 주시고,
더욱 담대한 마음을 갖게 하소서.
세상에서 제일 가까운 배우자를 통해
받은 상처들이 있을 때에 도와주소서.

무엇보다 내가 받은 상처를
하루 종일 묵상하고 기억하는 것을 멈추게 하소서.
내 머릿속에서 그때 상황을 다시 그려 보고
속마음을 상상하는 마음을 버리게 하소서.
그 모든 부정적인 상상은 사실이 아니라,

"아무 일에든지 다툼이나 허영으로 하지 말고
오직 겸손한 마음으로 각각 자기보다 남을 낫게 여기고"
(빌 2:3).

사탄의 유혹임을 인정합니다.
내가 배우자를 얼마나 사랑하는지,
나에게 얼마나 소중한 존재인지를 바라보게 하소서.
일평생의 동반자를 가장 사랑스러운 마음으로 품어 안게 하소서.

상처받을 때에 상처를 묵상하지 말고,
용서의 결단을 하게 하소서.
내가 하나님께 받은 무한한 용서를 기억하며
먼저 용서하게 하소서.
하나님이 나를 먼저 사랑하신 것처럼
나도 조건 없이 먼저 사랑하게 하소서.
줄다리기하는 마음을 버리고
달려가 안아 줄 수 있는 마음을 허락하소서.
최악의 상황에서 나를 용서하시는
예수 그리스도의 이름으로 기도합니다. 아멘!

19 판단은 오직 돕기 위한 도구가 되게 하소서

하나님 아버지,
하나님의 아름다운 가정을 이루게 하시니 감사합니다.
하나님이 주신 이 선물을 잘 가꾸고 다듬어 소중히 여기게 하소서.
서로를 사랑하고 잘 아는 깊은 관계를 허락하심에 감사드립니다.
세상에서 가장 잘 이해하고 아는 관계가 되게 하소서.
가까이 있지만 아무것도 모르는 겉도는 관계 되지 않게 하소서.

함께 지내는 시간이 길어질수록 서로를 알아 가게 하소서.
그러나 잘 안다는 것 때문에 너무 많은 판단을 하지 않게 하소서.
정확한 판단을 하기 때문에 너무 많은 순간
정확한 상처를 주고 있습니다.
나의 판단이 돕기 위한 도구가 되게 하소서.
세상에서 가장 깊은 상처를 낼 수 있는 사이로
전락하지 말게 하소서.

> "유순한 대답은 분노를 쉬게 하여도
> 과격한 말은 노를 격동하느니라"
> (잠 15:1).

혹여 지금 내가 그런 상처를 주었다면
아버지 앞에 회개합니다.
그 사람을 알기 때문에 상처받는 것을
막아 주는 사람 되기 원합니다.
나의 말과 나의 표정이 가장 가까운 배우자를
공격하지 않게 하소서.
검사의 눈이 아니라 변호사의 눈으로
언제나 바라보게 하소서.
나의 변호자 되시는
예수 그리스도의 이름으로 기도합니다. 아멘!

20

서로의 무게를 함께 지기를 원합니다

인생을 책임지시는 하나님 아버지,
나의 인생의 동반자를 주셔서
나의 삶을 함께 나누게 하시니 감사합니다.
서로를 바라볼 때에 주님의 눈으로 바라보게 하소서.
서로의 눈 안에 계신 예수님의 형상을 보며 감격하게 하소서.
하나님이 짝 지어 주신 소중한 사람임을
매일 고백하고 인정하게 하소서.
나에게 이익이 되는지를 계산하지 않고,
내가 도움이 되는 사람 되길 원합니다.

나의 눈으로 보기에 배우자의 짐이 가벼워 보일지라도
쉽게 판단하지 말게 하소서.
그 사람의 마음의 짐을 볼 수 있는 눈을 허락하소서.
나의 짐이 무겁듯이 그 사람의 짐도
무거움을 볼 수 있게 하소서.
그래서 그 무게를 함께 지고 가게 하소서.

> "수고하고 무거운 짐 진 자들아
> 다 내게로 오라 내가 너희를 쉬게 하리라"
> (마 11:28).

억지로가 아니라, 선뜻 손을 내밀어
배우자와 함께 일어서게 하소서.
각자의 지고 있는 짐들의 무게가 서로 나눠 질 때
가벼워짐을 믿습니다.

언제나 내가 가장 힘들다는 피해의식을 버립니다.
인간의 눈에 볼 수 없는 수많은 어려움들을
추측하지 말고 나누게 하소서.
말하고, 나누고, 안아 주고, 이해하고,
함께하는 부부 되게 하소서.
수고하고 무거운 짐 진 자를 부르시는
예수 그리스도의 이름으로 기도합니다. 아멘!

21

상대의 통점을 건드리지 않고
피해 가게 하소서

치유의 하나님 아버지,
살면서 겪는 수많은 아픔들을 주님 앞에 내려놓습니다.
과거의 기억에 남은 것들,
현재의 겪고 지나고 있는 모든 것을 내려놓습니다.
언제나 나의 아픔을 외면하지 않으시는
아버지의 사랑에 감사드립니다.
배우자의 아픔을 주님께 올려 드립니다.
그 사람의 외로움과 고독,
분노와 좌절, 실패와 낙망을 고쳐 주소서.

함께 살면서 이상하리만치 분노하는 부분이 있다면
그것을 올려 드립니다.
이해할 수 없어 상처받는 순간에
배우자의 그 마음을 주님께 올려 드립니다.
그것이 그 사람의 가장 예민한 아픈 점, 통점임을 깨닫게 하소서.

"…나는 너희를 치료하는 여호와임이라"
(출 15:26).

내가 알 수 없는 세월 동안 아파했던 부분을
보호하게 하소서.
일부러 상처받으라고 그 부분을 건드리는
악한 마음을 버리게 하소서.

나에게도 예민한 통점이 있음을 인정합니다.
오랜 세월 반복된 상처 속에 쌓인
이 통점들을 주님이 치유하소서.
상처 위에 상처가 나지 않도록 내가 더 보호하게 하소서.
그리고 어느 날 치유되었을 때 하나님을 찬양하게 하소서.
나를 보호하시는
예수 그리스도의 이름으로 기도합니다. 아멘!

22

과거가 모여 지금이 되었으니
과거도 사랑합니다

영원의 하나님 아버지,
모든 시간의 주인 되시는 하나님 아버지를 찬양합니다.
만물의 주인이 되시는 아버지를 높여 드립니다.
배우자를 만나기 전 모든 과거의 순간에도 함께하심을 감사드립니다.
배우자를 만나 지금까지 오게 하신 아버지, 감사합니다.
내가 선택한 이 사람의 현재만이 아니라,
과거도 사랑할 수 있게 하소서.

나의 배우자의 지금만이 좋아서 결혼한 것이 아니라,
모든 것이 좋게 하소서.
지금의 이 사람은 과거의 모든 경험의 결과물인 것을 인정합니다.
때로 아프고, 때로 슬프고, 때로 실수했지만,
그래서 오늘의 배우자가 존재합니다.
지금의 위치와 경제력, 지금의 외모와 실력만을 보지 말게 하소서.
이 사람의 과거까지 사랑하고 품을 수 있는
배우자로 서게 하소서.

"허물을 덮어 주는 자는 사랑을 구하는 자요
그것을 거듭 말하는 자는 친한 벗을 이간하는 자니라"
(잠 17:9).

하나님이 나의 모든 과거와 현재와
앞으로의 죄를 용서하셨듯이
나도 하나님을 닮아 배우자의 모든 것을
품어 안을 수 있는 믿음을 허락하소서.
나의 부족함을 보며 상대의 부족함을 이해하게 하소서.
과거의 실수를 통해 오늘을 만들어 온 배우자를
격려하는 마음을 갖게 하소서.
나의 실수를 덮으시는
예수 그리스도의 이름으로 기도합니다. 아멘!

23

나를 귀히 여겨 주신 대로
나도 귀히 여기겠습니다

선하신 하나님 아버지,
언제나 나를 소중히 여겨 주셔서 구원하신
주님의 사랑을 찬양합니다.
나의 업적이나 나의 잘남은 아무것도 없었음을 고백합니다.
모든 것이 전적으로 하나님의 사랑이었습니다.
그 사랑을 오늘 나에게, 오늘 배우자에게 허락하소서.
나를 하나님의 자녀 삼아 주신 놀라운 은혜에 감사드립니다.

내가 귀한 사람은 아니었지만,
주님이 나를 귀히 여겨 주셨습니다.
천국에 들어갈 가치가 없었지만,
그런 가치 있는 자로 올려 주셨습니다.
그 사랑을 힘입어 나의 배우자를 소중하고 귀히 여기게 하소서.
내가 생각하는 것의 몇 배를 더욱 귀히 여겨 주게 하소서.
그래서 자신이 얼마나 소중한 사람인지를 알고
그 자존감으로 살게 하소서.

"네가 내 눈에 보배롭고 존귀하며 내가 너를 사랑하였은즉…"
(사 43:4).

하나님이 우리에게 부여하신 신분과 축복은
무엇으로도 갚을 수 없는 것입니다.
그 사랑을 받은 사람으로서 내가 가장 사랑하고,
사랑해야 할 사람을 대하게 하소서.

나의 말이 그 사람을 홀대하지 않게 하소서.
나의 행함이 그 사람을 무시하지 않게 하소서.
언제나 최고의 것으로 나를 사랑하시는
예수 그리스도의 이름으로 기도합니다. 아멘!

24

재정적 안정과 관리의 지혜를 주소서

하나님 아버지,
언제나 일용할 양식을 주시는 아버지의 사랑에 감사드립니다.
나의 먹을 것과 입을 것, 나의 잘 곳과 행하는 모든 것의
주관자 되심을 인정합니다.
한 가정을 이루며 살아갈 때에 지혜가 필요함을 고백합니다.
재정을 이루어 가는 성실함과 인내를 허락하소서.
그리고 주신 재정을 잘 관리할 수 있는 지혜를 주소서.

나에게 주어진 분깃을 잘 관리하여서
하나님 앞에 선하고 아름다운 열매 맺기 원합니다.
물질에 탐심을 가지고 나의 삶을 망가뜨리지 않게 하소서.
그러나 이 땅을 살면서
필요한 물질을 얻을 수 있는 능력을 허락하소서.
그리고 그것을 잘 관리하여 시험에 들지 않고
안정된 삶을 누리게 하소서.

"여호와께서 집을 세우지 아니하시면 세우는 자의 수고가 헛되며
여호와께서 성을 지키지 아니하시면 파수꾼의 깨어 있음이 헛되도다"
(시 127:1).

하나님이 주신 물질로 선한 일들을 하며
평안과 보람을 함께 누리게 하소서.

무엇보다 물질을 공급하는 배우자를 향한
감사의 마음을 갖기 원합니다.
그 수고에 대한 감사와 함께 나누는 것에 대한
기쁨을 알게 하소서.
세상에 어떤 것도 당연한 것이 없음을 인정하고
감사하게 하소서.
아주 작은 것에도 감사를 표현하고
하나님께 영광을 올리게 하소서.
우리 가정을 세우시는
예수 그리스도의 이름으로 기도합니다. 아멘!

25

관계의 문제를 잘 풀어 가는
지혜를 허락하소서

함께하시는 하나님 아버지,
언제나 나의 삶 가운데서
나를 지키시고 돌보시는 아버지, 감사합니다.
더불어 함께 살 수 있는 많은 사람들을 허락하시니 감사합니다.
배우자와 꾸리는 이 가정에서
많은 관계적인 문제가 있음을 고백합니다.
서로의 가정이 연합하여 살아갈 때 벌어지는
모든 관계를 돌보아 주소서.
오해를 이해로 바꾸고,
따뜻한 마음으로 교제를 나누게 하소서.

배우자로서의 관계만이 아니라,
부모님과 가족들과의 관계가 화목하게 하소서.
직장에서 동료들과의 관계와 이웃과의 관계를 통해 힘을 얻게 하소서.
배우자가 맺고 있는 모든 인간관계 속에서 힘을 얻게 하시고,
기쁨이 되게 하소서.

"할 수 있거든 너희로서는
모든 사람과 더불어 화목하라"
(롬 12:18).

만나서 진이 빠지고 의욕을 상실하는 관계가 아니라,
다시 일어서게 하는 사이 되게 하소서.
관계의 문제를 잘 풀어 가는 지혜를 허락하소서.

나의 배우자가 피스 메이커가 되기 원합니다.
사람을 이해하고 감싸 주며,
만남의 축복을 만들어 가는 사람 되게 하소서.
무엇보다 부부 사이에서
이런 신뢰와 사랑의 관계를 만들어 가게 하소서.
서로가 노력하고 애쓰며, 격려하고 사랑하는 관계 되기 원합니다.
언제나 평화를 주시는
예수 그리스도의 이름으로 기도합니다. 아멘!

2장

**사람은 그 입의 대답으로 말미암아 기쁨을 얻나니
때에 맞는 말이 얼마나 아름다운고**(잠 15:23)

때로는 다툼의 이유보다
말투가 더 중요할 때가 있습니다.
"서툴지만 서로의 마음을 표현할 때
기쁨으로 받아주게 하소서.
서로가 말할 때 존중하게 하시고,
말 뒤에 숨은 마음을 읽게 하소서."

26

하나님을 가장 뜨겁게 사랑하기 원합니다

사랑의 하나님 아버지,
나의 삶을 통틀어 나를 가장 사랑하시는 분이
하나님이심을 고백합니다.
그 최고의 사랑에 감사하고 감격합니다.
그렇게 사랑하신 우리 부부 두 사람이 이룬 가정이 온전하게 하소서.
하나님이 우리를 사랑하신 것처럼 서로 사랑하게 하소서.
그리고 무엇보다 하나님을 가장 사랑하는 부부 되게 하소서.

나의 힘으로 사랑하기 어려움을 고백합니다.
하나님의 사랑을 우리 부부에게 부어 주소서.
그래서 서로를 바라볼 때
하나님의 형상으로 바라보고 사랑하게 하소서.
다른 사람을 바라볼 때 하나님의 사랑으로 그들을 보게 하소서.
그래서 하나님의 사랑을 실천하고
사람을 섬기는 부부 되게 하소서.

"너는 마음을 다하고 뜻을 다하고 힘을 다하여
네 하나님 여호와를 사랑하라"
(신 6:5).

배우자의 신앙을 위해 기도합니다.
나보다 더 하나님을 뜨겁게 사랑하기 원합니다.
인생의 가장 큰 원칙이 하나님을
가장 우선순위에 두는 사람이 되게 하소서.
그래서 이견이 있을 때에도
하나님의 이름만으로 하나 되게 하소서.
나의 주 예수 그리스도의 이름으로 기도합니다. 아멘!

27

가정의 공동 목표는
하나님 안에 있습니다

하나님 아버지,
하나님이 최초로 만드신 공동체인 가정을 허락하신
아버지, 감사합니다.
아버지의 마음에 아름답고 기쁘셨던 그 가정을
이루게 하시니 감사합니다.
부부가 한 몸이 되게 하시고, 온전히 독립된 가정이 되게 하소서.
나의 마음에 가정을 소중히 여기게 하시고,
배우자도 그리하게 하소서.
내 사람의 근간이 가정임을 기억하게 하소서.

가정을 지키는 것은
하나님의 축복의 선물을 지키는 것임을 믿습니다.
하나님이 허락하신 배우자와 함께
이 가정에 씨를 뿌리고 일구게 하소서.
하나님이 원하시는 아름다운 그림을 그려 나가게 하소서.
나의 욕심으로 꿈꾸는 가정이 아니라,

"그러므로 사람이 부모를 떠나 그의 아내와 합하여
그 둘이 한 육체가 될지니 …각각 자기의 아내 사랑하기를
자신같이 하고 아내도 자기 남편을 존경하라"
(엡 5:31, 33).

하나님의 비전으로 꿈꾸는 가정 되게 하소서.
가정의 공동 목표가 늘 하나님 안에 있게 하소서.

일보다 가정이 우선임을 알게 하소서.
유희보다 가정이 먼저임을 알게 하소서.
생각만이 아니라 말과 행동으로
먼저 가정을 선택하게 하소서.
배우자를 지키고 사랑하는 것이
가정을 지키는 일임을 알게 하소서.
축복으로 가정을 세우시는
예수 그리스도의 이름으로 기도합니다. 아멘!

28

일용할 양식 주심을 믿습니다

돌보시는 하나님 아버지,
날마다 우리에게 일용할 양식을 주시는 아버지, 감사합니다.
매번 고백하지만, 매번 믿는 것처럼 생각하지만,
실상은 그렇지 못함을 회개합니다.
진짜로 일용할 양식 주심을 믿는다면 많은 것이 달라졌을 것입니다.
그러나 어려울 때에는 두려웠고,
마음이 조급해졌음을 용서하소서.
조금의 경제적인 어려움만 예상되어도
안절부절못했던 것을 용서하소서.

그 넓은 광야에서 만나를 주셨던 하나님이신데,
지금 나에게는 아닌 것 같았습니다.
사막에서 물을 내시는 하나님이신데,
현대에는 그러실 수 없다 여겼습니다.
새들도, 풀들도, 꽃들도 먹이시고 입히시는데,
우리 부부는 믿음이 부족했습니다.

"너희 중에 누가 염려함으로 그 키를 한 자라도 더할 수 있겠느냐
오늘 있다가 내일 아궁이에 던져지는 들풀도 하나님이 이렇게 입히시거든
하물며 너희일까 보냐 믿음이 작은 자들아"
(마 6:27, 30).

하나님 앞에 성실하고 최선을 다했다면
두려워하지 말게 하소서.
하나님을 의지함으로 일용할 양식을 주시는
그 은혜를 누리게 하소서.

배우자의 마음에 조급한 마음을 버리고 늘 주님께 나아가게 하소서.
나의 마음에 믿음을 채워 넣고
배우자에게 용기를 주는 자 되게 하소서.
혹여 너무 많은 것을 원하느라
일용할 양식 정도로는 성에 차지 않는지 돌아보게 하소서.
어려운 순간에도 차고 넘치는 것을 구하는 욕심을 내려놓고
주님을 신뢰하게 하소서.
나를 위해 죽기까지 하신
예수 그리스도의 이름으로 기도합니다. 아멘!

29

서로의 잘못을
하나님 앞에 회개하게 하소서

용서의 하나님 아버지,
언제나 나의 모든 죄악을
흰 눈보다 더 희게 하시는 은혜에 감사합니다.
오늘도 나의 모든 죄악을 하나님 앞에 내려놓습니다.
예수 그리스도의 보혈로 나를 씻으시고 깨끗하게 하소서.
우리 부부가 하나님 앞에 날마다 회개하는 자들 되기 원합니다.
자신의 잘못을 돌아볼 줄 아는 가정 되게 하소서.

먼저 서로에게 자신의 잘못을
인정할 줄 아는 부부 되기 원합니다.
나의 배우자도 하나님 앞에 자신의 죄를
회개할 줄 알기 원합니다.
사람들 앞에 빼기느라 자신의 잘못을 숨기고
부인하지 않게 하소서.
서로의 잘못을 드러내며 빈정거리지 말게 하소서.
아픔으로 바라보고 인정할 때 품어 안게 하소서.

"오라 우리가 서로 변론하자
너희의 죄가 주홍 같을지라도 눈과 같이 희어질 것이요
진홍같이 붉을지라도 양털같이 희게 되리라"
(사 1:18).

무엇보다 하나님 앞에서
문제를 해결하는 부부 되기 원합니다.
내가 먼저 그리하게 하시고,
배우자도 그런 사람 되게 하소서.
우리 부부를 강력하게 잇는 끈이 하나님이 되게 하소서.
예수 그리스도의 이름으로
언제나 하나 되는 부부 되게 하소서.
나의 주 예수 그리스도의 이름으로 기도합니다. 아멘!

30

직업과 터전에서도 성장하게 하소서

일하시는 하나님 아버지,
언제나 우리를 위해 일하시는 아버지, 감사합니다.
사랑의 마음이 너무 간절하여
눈동자같이 지키시는 아버지를 찬양합니다.
나를 너무 사랑하셔서 늘 함께하시며 도우시는 아버지, 감사합니다.
하나님이 일하시는 그 마음을 닮아 우리 부부도 성실하게 하소서.
일하는 것의 소중함을 잘 알고 실천하기 원합니다.

배우자의 일을 위해 기도합니다.
자신이 좋아하고 잘 감당할 수 있는
직업과 터전을 허락하소서.
나 자신보다 나를 더 잘 아시는 하나님이
배우자의 모든 것을 아심을 믿습니다.
그 믿음으로 주님께 배우자를 내어 맡겨 드립니다.
그 사람의 가는 길을 주님이 인도하소서.

"사람이 마음으로 자기의 길을 계획할지라도
그의 걸음을 인도하시는 이는 여호와시니라"
(잠 16:9).

사회에서 성장할 수 있는 기회를 허락하소서.
그 모든 선택 가운데 하나님이 주신 축복된 일을
잘 찾아가게 하소서.
그리고 그 일을 통해 보람을 느끼고
선한 영향력을 발휘하게 하소서.
하나님의 손안에서 배우자의 참된 성공의 길을 찾게 하소서.
삶의 참 길을 찾게 하시는
예수 그리스도의 이름으로 기도합니다. 아멘!

31

인내를 넘어 이해로 나아가기를 원합니다

사랑의 하나님 아버지,
언제나 변함없는 사랑으로 우리를 인도하시는 아버지, 감사합니다.
나의 잘한 일도, 나의 못한 일도,
나의 모든 것을 품어 주시니 감사합니다.
언제나 이해받고, 언제나 사랑받는
아버지의 자녀 됨에 감사드립니다.
우리 부부도 서로 이해하기 위해 애쓰게 하소서.
잘못을 들춰내기보다 잘못을 덮어 주는 부부 되게 하소서.

배우자를 인내하고 이해하기 원합니다.
내가 인내하고 있을 때 상대도 인내하고 있음을 기억하게 하소서.
내가 트집 잡지 않을 때
상대도 나를 트집 잡지 않고 있음을 알게 하소서.
나만 참는다고 생각하며 불평하지 않게 하소서.
나를 향한 아버지의 인내를 기억하고,
나도 그 인내를 배우게 하소서.

"여호와는 은혜로우시며 긍휼이 많으시며
노하기를 더디 하시며 인자하심이 크시도다"
(시 145:8).

그리고 인내를 넘어서 이해로 가기 위한
기도를 멈추지 말게 하소서.
사랑하는 배우자에게도 인내와 이해를 허락하소서.
서로가 결혼 생활을 아름답게 세워 가기 위해
서로 함께 손을 잡게 하소서.
한쪽만 노력하는 것이 아니라,
함께 노력하는 부부 되게 하소서.
나를 언제나 용납하시는
예수 그리스도의 이름으로 기도합니다. 아멘!

32

모든 순간 사랑할 수 있는
지속적인 사랑을 허락하소서

끝까지 사랑하시는 하나님 아버지,
나의 주 하나님 아버지의 사랑과 은혜에 감사합니다.
나를 사랑하시되 끝까지 사랑하시는 아버지께 감사를 드립니다.
사랑해서, 사랑하려고 결혼을 결심했던 배우자를 위해 기도합니다.
먼저 내가 배우자를 사랑하되 끝까지 사랑하게 하소서.
나에게 해 주는 것을 보고 사랑하는 것이 아니라,
그냥 사랑하게 하소서.

나의 배우자에게도 그런 사랑을 허락하소서.
모든 순간 준 것과 받은 것을 계산하지 않게 하소서.
나에게 잘해 주면 사랑하고,
나에게 못하면 멈추는 사랑이 아니라,
모든 순간 사랑할 수 있는 지속적인 사랑을 허락하소서.
표현할 수 있는 순간도 있고,
그럴 수 없는 순간도 있음을 이해하게 하소서.

"예수께서… 세상에 있는 자기 사람들을 사랑하시되
끝까지 사랑하시니라"
(요 13:1).

대접받으려고 결혼한 것이 아니라,
함께 인생을 살기 위해 결혼한 것입니다.
누구의 일방적인 희생을 요구하지 않게 하소서.
서로 도우며, 서로 격려하며,
서로 믿어 주며, 손잡고 가게 하소서.
부부는 누가 업고 가는 것이 아니라,
동등하게 함께 걸어가는 것임을 알게 하소서.
우리를 끝까지 사랑하신
예수 그리스도의 이름으로 기도합니다. 아멘!

33

어려움을 딛고 열매를 거두게 하소서

하나님 아버지,
인생의 모든 길 가운데 함께하시는 아버지, 감사합니다.
인생을 살면서 고난의 길을 피할 수 없음을 고백합니다.
믿는 가정이나, 그렇지 않은 가정이나
동일한 어려움의 여정이 있음을 인정합니다.
그러나 믿는 우리 가정이 어려움을 지날 때에
아버지로 인해 이겨 나가게 하소서.
나의 배우자가 고난의 길을 갈 때에 아버지께서 동행하여 주소서.

함께하기 원하지만,
인간의 힘으로 모든 것을 공감할 수 없을 때에
주님이 함께하소서.
사랑하는 배우자가 어려운 길을 걸을 때에
아버지의 손이 붙들어 주소서.
인생의 어려움을 피할 수는 없을지라도
그 과정을 통해 아버지와 더 가까워지게 하소서.

"내가 사망의 음침한 골짜기로 다닐지라도
해를 두려워하지 않을 것은 주께서 나와 함께하심이라
주의 지팡이와 막대기가 나를 안위하시나이다"
(시 23:4).

고난의 길을 마치고 나면
더할 나위 없는 열매를 주실 것을 믿습니다.
우리 가정이 어려움을 지날 때에 이것이 힘이 되게 하소서.

보이는 것을 잃을 때에 보이지 않는 더 소중한 것을 얻게 하소서.
어려움이 부부의 사이를 벌어지게 만드는 것이 아니라,
더욱 견고히 하게 하소서.
고난이 우리의 가정을 부수는 것이 아니라,
더욱 사랑의 끈으로 묶이게 하소서.
하나님의 손안에서 모든 어려움으로부터
우리 부부를 견고하게 하소서.
나의 주 예수 그리스도의 이름으로 기도합니다. 아멘!

34

십자가의 사랑을 닮은 부부되게 하소서

하나님 아버지,
우리를 살리기 위해 십자가의 사랑으로 구원하심에 감사드립니다.
예수 그리스도를 보내기까지 하신
아버지의 사랑은 지극히 큰 것입니다.
나는 절대로 누군가를 위해 자식을 죽일 수 없는 존재입니다.
그런 존재가 그런 사랑을 받았습니다.
이 세상 무엇으로도 이길 수 없는
아버지의 사랑을 우리가 받았습니다.

내가 배우자를 사랑할 때 어떤 사랑으로 사랑해야 할지요.
나의 배우자는 나를 어떤 사랑으로 사랑해 줄지요.
아버지의 사랑을 배우게 하소서.
내가 인내할 수 없을 때, 배우자가 인내할 수 없을 때
그 사랑을 기억하게 하소서.
십자가를 기억하며 하나님의 마음을
우리의 가슴에 품게 하소서.

> "너희 안에 이 마음을 품으라 곧 그리스도 예수의 마음이니
> …자기를 낮추시고 죽기까지 복종하셨으니
> 곧 십자가에 죽으심이라"
> (빌 2:5, 8).

누군가 우리 부부를 바라볼 때에
십자가의 사랑을 닮았다 말하게 하소서.
서로를 위해 희생하기를 주저하지 말게 하소서.
서로의 배우자가 잘되는 일에 최선을 다하게 하소서.
그 사랑이 동일하게 하셔서 서로 복종하고 서로 사랑하게 하소서.
나를 죽기까지 사랑하신
예수 그리스도의 이름으로 기도합니다. 아멘!

35

말 뒤에 숨은 마음을 읽게 하소서

하나님 아버지,
세상에 수많은 사람들 중에
하나밖에 없는 배우자를 허락하시니 감사합니다.
만나기 전에는 그리 갈망했는데,
만나고 나서 마음이 느슨해지지 않았는지 돌아봅니다.
고르고 골라 나에게 주신 소중한 사람임을 기억합니다.
그리고 다시 마음을 다잡고
더 소중히 여기기 위해 기도하기 원합니다.
하나님이 언제나 나의 마음을 아시고
사랑으로 인도하시는 것처럼 그리하기 원합니다.

서로를 향하여 서로의 언어를 배우게 하소서.
같은 한국말을 하고 있다고
다 같은 언어를 쓰는 것이 아님을 이해하게 하소서.
오랜 시간 성장해 오면서 가졌던
나만의 경험과 표현들을 고집하지 말게 하소서.

"사람은 그 입의 대답으로 말미암아 기쁨을 얻나니
때에 맞는 말이 얼마나 아름다운고"
(잠 15:23).

서로의 경험을 이해하고,
소통하기 위해 경청하고 배우게 하소서.
배우자의 마음을 읽고 진정한 소통을 이루게 하소서.

서툴지만 서로의 마음을 표현할 때 기쁨으로 받아주게 하소서.
서로가 말할 때 존중하게 하시고,
배우자의 말 뒤에 숨어 있는 마음을 읽어 주게 하소서.
이 세상에서 나를 제일 이해할 수 있는 사람으로
소중히 여기게 하소서.
배우자의 마음속에도 나를 이해하고
소통하려는 애씀이 있게 하소서.
모든 순간 경청자 되어 주신
예수 그리스도의 이름으로 기도합니다. 아멘!

36

하나님께 묻고
지혜 구하길 원합니다

하나님 아버지,
사는 모든 인생 가운데 우리를 가장 선한 길로
인도하심을 감사드립니다.
하나님의 일하심이 없었다면 오늘의 내가 존재할 수 없었습니다.
선하고 아름다운 길로 인도하셨고, 앞으로도 그리하실 것입니다.
우리 부부의 사는 모든 길도 주님의 손에 있음을 고백합니다.
나와 배우자의 가는 모든 길을 주께서 긴밀히 인도하여 주소서.

사랑하는 배우자가 하나님의 지혜를 닮기 원합니다.
세상에서도 많은 영역의 지혜를
구하며 배우려고 노력하며 삽니다.
재테크, 자녀교육, 성공, 노후 준비 등 얼마나 많은지요.
그러나 무엇보다 하나님께로 온 지혜를 갖기 원합니다.
이 세상을 살아갈 때 온전히 지혜롭게 하소서.

> "여호와를 경외하는 것이 지혜의 근본이요
> 거룩하신 자를 아는 것이 명철이니라"
> (잠 9:10).

세상의 지혜를 구하는 것보다
더욱 주님의 지혜를 구하게 하소서.
하나님을 아는 것이 지혜의 근본임을 잊지 않게 하소서.
모든 순간 지혜를 구하는 마음을 허락하소서.
배우자의 삶 가운데 하나님의 지혜가
그 사람을 주도하게 하소서.
모든 지혜의 모범이 되시는
예수 그리스도의 이름으로 기도합니다. 아멘!

37

하나님의 뜻에
선뜻 동의하도록 하소서

사랑의 하나님 아버지,
우리의 가는 길에 아버지의 뜻을 가지고 인도하심을 믿습니다.
오늘도 나의 가는 길이 주님의 뜻 가운데 있기를 소망합니다.
사랑하는 배우자가 아버지의 뜻을
날마다 구하는 사람 되게 하소서.
자신의 뜻이 강하여 잘못된 길을 가면서
고집을 부리는 일이 없게 하소서.
자신이 옳다는 것을 증명하는 데 집착하지 말게 하소서.

언제나 사랑으로 이끄시는 하나님의 뜻을 믿고 신뢰하게 하소서.
내가 원하는 길이 있다 하더라도
하나님의 뜻을 우선 선택하게 하소서.
하나님의 뜻을 알게 될 때에 억지로가 아니라,
선뜻 그 길 가게 하소서.

"너희가 즐겨 순종하면
땅의 아름다운 소산을 먹을 것이요"
(사 1:19).

하나님께 가장 높은 지혜가 있고,
가장 선한 길이 있음을 믿습니다.
우리 부부가 언제나 하나님의 뜻을 기뻐하는 사람들
되게 하소서.

나의 흥미와 욕망보다
하나님의 관심에 더 귀 기울이게 하소서.
배우자의 귀가 언제나 하나님께 열려 있기를 구합니다.
그 마음이 하나님을 갈망하게 하소서.
하나님과 동행함이 우리 부부의 소망이 되게 하소서.
나의 주 예수 그리스도의 이름으로 기도합니다. 아멘!

38

가장 먼저 말하고
믿어주게 하소서

하나님 아버지,
한없이 부족하고 어리석은 우리를 사랑하시는 아버지, 감사합니다.
하나님은 언제나 나를 믿어 주시고
기대하시는 사랑의 아버지이십니다.
나의 나 됨은 하나님의 사랑 때문임을 고백합니다.
그 사랑을 힘입어 오늘도 주님 앞에 자신 있게 나아갑니다.
이 신뢰의 믿음이 우리 부부에게도 있게 하소서.

이 세상 누구도 믿어 주지 않을 때
서로 믿을 수 있는 부부 되기 원합니다.
모든 정황이 그리하다 하더라도 먼저 믿어 주는 부부 되게 하소서.
남들이 안 믿어 줄 때에 나도 남처럼 행하지 말게 하소서.
불신보다 신뢰를 먼저 선택하는 부부 되게 하소서.
남들의 말에 귀 기울이기 전에
배우자의 말에 먼저 귀 기울이게 하소서.

"내가 나 된 것은 하나님의 은혜로 된 것이니…
내가 한 것이 아니요 오직 나와 함께하신 하나님의 은혜로라"
(고전 15:10).

내가 요구하지 않아도 서로의 비밀을
먼저 이야기할 수 있는 부부 되게 하소서.
가장 내 편이 되어 줄 수 있는 사람,
가장 아픔을 먼저 말할 사람이 되게 하소서.
배우자에게 그런 믿음이 있기를 위해 기도합니다.
그리고 내가 먼저 그런 사람 되기 위해 애쓰겠습니다.
언제나 나의 변호사 되어 주시는
예수 그리스도의 이름으로 기도합니다. 아멘!

39

약점도 애틋하게 품어 주게 하소서

하나님 아버지,
나의 사는 모든 삶의 여정 속에서
나를 받아 주시는 아버지, 감사합니다.
어린 시절에서 성인이 되기까지
나의 모든 약점을 아시는 아버지, 감사합니다.
나의 죄악과 나의 약점과 나의 못남을 아시고도
주님은 사랑하셨습니다.
나도 부족하지만, 내가 받은 용서만큼 사람을 용서하기 원합니다.
내가 받은 사랑을 기억하며 사람을 사랑하기 원합니다.

배우자를 만나고, 사랑하고, 살아가면서
그 사람의 모습 그대로를 사랑하게 하소서.
시간이 지나가면서 많은 약점들이 발견될 것입니다.
그러나 그 약점들이 나의 사랑을 막지 못하게 하소서.
배우자의 장점만이 아니라
약점도 애틋한 마음으로 품어 주고 사랑하게 하소서.

> "너희가 짐을 서로 지라
> 그리하여 그리스도의 법을 성취하라"
> (갈 6:2).

지금의 모습 있는 그대로를 위하고
좋아할 수 있게 도와주소서.

살면서 비교할 많은 사람들을 만나고,
부러워할 것들을 만날 것입니다.
내가 가지지 못했다고 그것만을 바라보지 말게 하소서.
나에게 주신 배우자와 다른 사람을 비교하지 말게 하소서.
주신 배우자를 기뻐하며, 만족하며,
감사하며 살게 하소서.
나를 기뻐하시는
예수 그리스도의 이름으로 기도합니다. 아멘!

40

육체적, 정신적, 영적으로
강건하기를 원합니다

생명의 근원 되시는 하나님 아버지,
우리의 모든 생명과 건강을 주장하시는 아버지, 감사합니다.
하나님의 손안에 모든 것의 회복이 있음을 믿고 신뢰합니다.
나에게 선물로 허락하신 배우자를 위해 기도합니다.
그 사람의 모든 것이 건강하기를 소망합니다.
그 육체를 주님이 지켜 주셔서
질병으로부터 보호하여 주소서.

이 세상을 살면서 질병을 피할 수 없음을 인정합니다.
그러나 혹여 질병에 걸렸을지라도 치유하여 주소서.
건강한 몸을 가지고 건강한 삶을 살 수 있도록 도와주소서.
육체만이 아니라 정신과 영혼도 강건하기를 위해 기도합니다.
몸과 마음이, 하나님을 향한 영혼이 건강하게 하소서.

"사랑하는 자여 네 영혼이 잘됨같이
네가 범사에 잘되고 강건하기를 내가 간구하노라"
(요삼 1:2).

그래서 함께 사는 동안에
하나님을 찬양하며 기뻐하며 살게 하소서.
다른 사람을 사랑하기 위해
나의 몸을 잘 돌볼 수 있는 건실함을 주소서.
하나님이 주신 육체와 정신과 영혼을 잘 돌보기 위해
노력하는 사람 되게 하소서.
그래서 이 주신 모든 시간 속에서
하루하루를 힘차게 살아가게 하소서.
나의 주 예수 그리스도의 이름으로 기도합니다. 아멘!

41

가장 약할 때 곁에 있는 배우자 되게 하소서

돌보시는 하나님 아버지,
하나님 아버지의 사랑에 감사드립니다.
언제나 우리의 곁에서 한결같이 함께하시는
아버지의 사랑에 감사드립니다.
하나님의 사랑은 내가 강할 때보다
내가 약할 때 더 빛남을 믿습니다.
우리 부부의 사랑도 이를 닮게 하소서.
하나님이 나를 사랑하신 것같이 배우자를 사랑하게 하소서.

배우자의 강함을 사랑하기보다
그 사람의 모든 것을 사랑하게 하소서.
배우자가 나를 필요로 할 때
언제나 곁에 있을 수 있는 사람 되게 하소서.
내가 힘들 때에 나의 곁에서 동행해 주는 배우자 되게 하소서.
좋을 때는 사랑하고 곁에 있어 주면서,
나쁠 때는 떠나는 사람 되지 말게 하소서.

> "나에게 이르시기를 내 은혜가 네게 족하도다
> 이는 내 능력이 약한 데서 온전하여짐이라 하신지라"
> (고후 12:9).

가장 어렵고 힘들 때, 가장 약할 때
곁에 있는 배우자 되게 하소서.
승리할 때보다 패배할 때 함께하게 하소서.
건강할 때보다 아플 때 함께하게 하소서.
즐거울 때보다 슬플 때 함께하게 하소서.
환영받을 때보다 외로울 때 함께하게 하소서.
언제나 가장 약한 순간 함께하시는
예수 그리스도의 이름으로 기도합니다. 아멘!

42

함께 손잡고
주님을 따라가게 하소서

하나님 아버지,
오늘도 나의 삶을 주관하시는 아버지, 감사합니다.
우리 가정의 모든 것이 주님의 손안에 있는 것을 고백합니다.
하나님의 손에 배우자의 모든 삶을 올려 드립니다.
오늘도 우리 부부의 가는 모든 길을 인도하소서.
하나님의 뜻이 무엇인지 분별할 수 있는 지혜를 허락하소서.

하나님이 원하시는 길이 있을 때
배우자가 이에 동의할 수 있기를 원합니다.
부부가 함께 믿음의 길을 갈 수 있도록 지켜 주소서.
배우자의 마음에 믿음을 허락하소서.
하나님을 뜨겁게 사랑하여
하나님의 뜻을 기뻐하는 사람 되게 하소서.
나의 삶도 나의 이기심을 따라 사는 것을 멈추고
주를 보기 원합니다.

"너희는 이 세대를 본받지 말고
오직 마음을 새롭게 함으로 변화를 받아
하나님의 선하시고 기뻐하시고 온전하신 뜻이 무엇인지
분별하도록 하라"(롬 12:2).

하나님의 뜻을 따라갈 때
함께 손잡고 갈 수 있는 부부 되기 원합니다.
목소리 큰 사람의 뜻을 따라가는 것을 멈추게 하소서.
부부가 함께 마음 모아
아버지의 뜻을 위해 기도하게 하소서.
진정한 영적인 도전 앞에 일치하는 마음 허락하소서.
나의 주 예수 그리스도의 이름으로 기도합니다. 아멘!

43

배우자를 험담하는 것은
누워서 침 뱉기와 동일합니다

하나님 아버지,
일평생을 동반할 배우자를 허락하심에 감사합니다.
배우자는 나와 한 몸임을 고백합니다.
한 몸이며, 한 마음이기를 소망합니다.
함께 산다고 한 몸이고 한 마음이 아니라,
진심으로 그리되게 하소서.
그래서 항상 내가 가장 먼저 보호할 대상,
사랑할 대상이 되게 하소서.

뒤에서 배우자를 험담하지 않게 하소서.
배우자가 뒤에서 나를 험담하지 않게 하소서.
불만이 있다면, 서로 앉아서 서로의 마음을 나눌 수 있게 하소서.
서로가 들어 주지 않으므로
다른 사람을 찾아다니지 말게 하소서.
배우자를 험담하는 것은
누워서 침 뱉는 것과 동일함을 알게 하소서.

> "마음을 같이하여 같은 사랑을 가지고
> 뜻을 합하며 한마음을 품어"
> (빌 2:2).

서로의 불만에 대해서

열린 마음으로 들어 주기 원합니다.

분노보다 수용이 먼저 되는 부부 되게 하소서.

배우자를 향하여 감사한 제목을 먼저 찾게 하소서.

불만이 없을 수는 없겠으나,

감사와 사랑이 이를 덮게 하소서.

언제나 나를 감싸 주시는

예수 그리스도의 이름으로 기도합니다. 아멘!

44

용납하고 받아주는 자가
참된 승리자입니다

용납의 하나님 아버지,
언제나 나의 부족함을 용납하시고
받아주시는 아버지, 감사합니다.
사랑하고 감동해서 결혼했지만,
그 감동이 사라질 때 용납의 마음을 주소서.
시간이 지나며 일상을 살아갈 때 가슴 떨림은 없지만,
존재로 감사하게 하소서.
언제나 나의 곁에 있음을,
언제나 나의 고민을 함께 나눔을 감사하게 하소서.
배우자에게도 같은 마음을 주셔서 감사를 나누게 하소서.

다툼이 있을 때마다 누가 옳은가,
누가 이기냐에 관심을 갖지 말게 하소서.
하나님 앞에 올바른 결정을 내리기 위해
서로 생각하게 하시고 기도하게 하소서.
우기고 다그쳐 논쟁에서 이기는 것이 승리가 아님을 알게 하소서.

"어리석고 무식한 변론을 버리라 이에서 다툼이 나는 줄 앎이라
주의 종은 마땅히 다투지 아니하고 모든 사람에 대하여
온유하며 가르치기를 잘하며 참으며"
(딤후 2:23-24).

들어 주고, 이해하려 노력하고,
받아주는 자가 참된 승리자입니다.
우리 부부가 모두 이런 승리자 되게 하소서.

누구보다 서로가 먼저 받아주기 위해
애쓰는 부부 되기 원합니다.
상대의 마음의 소리를 들으려 노력하게 하소서.
들리는 말이 다가 아니라, 그 마음의 간절함을 듣게 하소서.
그래서 그 마음을 바라보고 품어 안을 수 있는
용납의 마음을 허락하소서.
나의 전부이신 예수 그리스도의 이름으로 기도합니다. 아멘!

45

사회에서 높아질수록
가정에서는 낮아지게 하소서

높으신 하나님 아버지,
우주의 창조자 되시며 만물의 주인 되신 하나님을 찬양합니다.
그 높으신 하나님이 우리의 아버지 되시고
나를 돌보심에 감사를 드립니다.
예수님이 낮고 낮은 자리에 오셔서
인간을 위해 십자가를 지신 은혜에 감사드립니다.
그 낮아지심 앞에 감격하고
그 주님의 사랑을 인해 감사와 찬양을 드립니다.
그 낮아지심을 배우며 주님처럼 살게 하소서.

우리 부부에게는 사회적인 지위가 가정의 지위가 되지 않게 하소서.
사회에서 높아졌다고 배우자의 위치가
높아지거나 낮아지지 않게 하소서.
경제력을 가졌다고 목소리가 커지지 않게 하소서.
명예와 약간의 권력을 가졌다고
가정에서도 권력을 행사하지 말게 하소서.

> "내가 주와 또는 선생이 되어 너희 발을 씻었으니
> 너희도 서로 발을 씻어 주는 것이 옳으니라
> 내가 너희에게 행한 것같이 너희도 행하게 하려 하여 본을 보였노라"
> (요 13:14-15).

온전히 서로 사랑하고, 섬기고, 낮아지는 것으로
사랑하는 부부 되게 하소서.

이 세상 어떤 것보다 높으신 하나님이
스스로 낮아져 사랑하심같이
우리 부부도 높아질수록 섬기게 하시고, 사랑하게 하소서.
배우자를 세상의 능력으로
재단하고 판단하는 것을 멈추게 하소서.
예수 그리스도의 모범을 따라
존재 자체를 사랑하는 부부가 되게 하소서.
나를 끝까지 동일하게 사랑하신
예수 그리스도의 이름으로 기도합니다. 아멘!

46

하나님의 피조물,
그 아름다움을 보게 하소서

아름다우신 하나님 아버지,
온 천하 만물을 하나님의 눈에 기쁘게 창조하신 아버지, 감사합니다.
이 모든 만물 중에 가장 귀하고
아름다운 창조물이 인간임에 감사드립니다.
비록 타락하여 죄 가운데 있지만,
우리 안에 있는 하나님의 형상을 믿습니다.
우리의 삶을 하나님의 형상을 따라 살게 하소서.
우리 가정의 모든 곳에 하나님의 나라가 임하게 하소서.

무엇보다 배우자의 아름다움을 보기 원합니다.
지금 내 눈에 보이는 것은 배우자의
단점투성이의 모습이라 할지라도 그 안에 내재되어 있는
하나님의 형상을 볼 수 있는 눈을 허락하소서.
하나님이 아름답다 하시고,
귀하다 하시는 배우자를 나도 그리 보게 하소서.
배우자의 눈에도 내가 그리 보이게 하소서.

"하나님이 지으신 그 모든 것을 보시니
보시기에 심히 좋았더라…"
(창 1:31).

배우자의 눈 안에 있는 예수 그리스도를 보게 하소서.
모든 순간 그를 긍휼히 여기는 마음을 허락하소서.
아름답다 말하게 하시고,
내가 먼저 그 아름다움을 귀히 여기게 하소서.
그래서 서로가 서로를
하나님이 만드신 작품을 바라보는 눈으로 보게 하소서.
영원히 아름다우신
예수 그리스도의 이름으로 기도합니다. 아멘!

47

상대가 마음의 광야를 지날 때
든든한 버팀목 되게 하소서

하나님 아버지,
인생을 걸어가며 광야의 길을 갈 때에 배우자가 있음에 감사합니다.
지금은 평안하지만, 어느 날인가
우리 가정이 광야의 길을 갈 수 있음을 인정합니다.
그때에 배우자가 있음으로 힘이 되게 하소서.
각자의 광야 길을 가야 할 때에
서로의 든든한 버팀목이 되게 하소서.
함께하고 있으나 그래서 더 외롭지 않게 지켜 주소서.

배우자의 가는 길 가운데 광야를 만날 때에
내가 힘이 되어 주기 원합니다.
마음의 광야를 만날 때에 내가 눈치채지 못해
외로운 시간을 보내지 않게 하소서.
내가 말할 수 없는 광야의 길을 가야 할 때에
나의 배우자가 이를 눈치채게 하소서.
곁에 있다는 것만으로 버틸 만한 위로자 되게 하소서.

"여호와의 분깃은 자기 백성이라… 여호와께서 그를 황무지에서,
짐승이 부르짖는 광야에서 만나시고 호위하시며 보호하시며
자기의 눈동자같이 지키셨도다"

(신 32:9-10).

함께 이 시간을 보낸다는 것으로도
결혼하길 잘했다는 마음이 들게 하소서.
우리 부부가 광야의 길을 걸어갈 때 주님을 만나게 하소서.
세상 황량한 그곳에서 하나님의 임재 앞에 머물게 하소서.
아무도 힘이 되어 주지 못하는 그곳에서
하나님의 말씀과 대면하는 시간이 되게 하소서.
그래서 우리 부부에게 이 광야가
하나님과 더 깊어지는 아름다운 시간 되게 하소서.
나의 힘이 되어 주시는
예수 그리스도의 이름으로 기도합니다. 아멘!

48

주님만 드러나시는 가정 되기를 원합니다

나의 하나님 아버지,
모든 것을 주관하시는 하나님 아버지의 주권을 인정합니다.
만물의 아버지께서 우리 부부의 아버지이심에 감사를 드립니다.
나의 사는 사명이 주님의 영광을 위한 것이듯,
우리 가정이 그러하게 하소서.
배우자의 믿음을 주님 지켜 주소서.
하나님을 뜨겁게 사랑하는 사람 되게 하소서.

우리 부부의 사는 모습이
세상 사람들에게 덕이 되기 원합니다.
고난도 겪어 가고, 다툼도 있겠지만,
그것을 해결하는 모습은 다르게 하소서.
서로 핑계 대고 남 탓하는 부부가 아니라,
서로 감싸 주고 나를 돌아보는 부부 되게 하소서.
자기가 잘났다고 윽박지르는 부부가 아니라,
서로를 높여 주는 부부 되게 하소서.

"그런즉 너희가 먹든지 마시든지 무엇을 하든지
다 하나님의 영광을 위하여 하라"
(고전 10:31).

우리의 사랑하는 모습이 세상 사람들에게
믿는 가정의 모범이 되게 하소서.

문제를 해결해 가는 방법이 성경의 말씀대로이길 원합니다.
하나님이 사랑하시는 방식으로
서로를 품어 주고 사랑하기 원합니다.
그래서 주님만이 드러나시는 가정 되게 하소서.
무엇을 하든지 이 가정이
주님이 주도하시는 가정임을 사람들로 알게 하소서.
나의 주인 되시는
예수 그리스도의 이름으로 기도합니다. 아멘!

49

약점을 드러내지 않고
숨겨 주는 분 덕분에 가능합니다

능력의 하나님 아버지,
모든 능력의 근원이 되시는 하나님 아버지, 감사합니다.
우리의 모든 삶을 아버지의 능력으로 이끌어 주심을 믿습니다.
나의 삶에 하나님의 도우심이
하나님의 능력을 증거하는 간증이 되게 하소서.
우리 부부의 삶이 하나님의 일하심을 보여 주는
예수의 가정 되기 원합니다.
그 능력의 아버지가 나의 아버지이시니
나의 부족함은 하등 문제 되지 않습니다.

배우자의 약점을 바라볼 때 넉넉한 마음 허락하소서.
하나님의 능력이 우리 가정에 있는데
부족할 것이 무엇이 있겠습니까.
배우자에게 보이는 약점이
내가 볼 때만 약점일 수도 있음을 알게 하소서.

> "그러나 이 모든 일에 우리를 사랑하시는 이로 말미암아
> 우리가 넉넉히 이기느니라"
> (롬 8:37).

누군가에게는 그 약점이
장점으로 보일 수도 있음을 깨닫고 감사하게 하소서.
배우자의 모든 것을 감사함으로 받고
그것의 좋은 점을 발견하게 하소서.

인간은 모두 자신이 가지지 못한 것에 대한
부러움이 있음을 인정하게 하소서.
단점이 많은 배우자도
누군가에게는 이상형일 수 있음을 알고 감사하게 하소서.
단점을 고치려고 하기보다 장점을 더 크게 보고
감사하는 마음을 허락하소서.
하나님의 능력 안에 모든 것은 아무런 문제가 되지 않습니다.
모든 것을 감당하신
예수 그리스도의 이름으로 기도합니다. 아멘!

50

사회에서 지쳐 돌아올 때
쉼이 되는 가정 되게 하소서

하나님 아버지,
귀한 배우자를 허락해 주심에 감사드립니다.
일평생 부부의 연을 맺고 살게 하셨으니
귀히 여기고 섬기겠습니다.
섬김을 받으려는 마음보다
섬기려는 마음으로 서로를 대하게 하소서.
배우자의 마음에도 동일한 마음을 허락하여 주소서.
받을 때 감사하게 하시고, 줄 때 기뻐하게 하소서.

배우자가 잘될 때에 누구보다 기뻐하기 원합니다.
내가 잘될 때에 배우자가 누구보다 기뻐해 주게 하소서.
서로의 가치를 높여 주고,
사람들 앞에서 칭찬하며 자랑스러워하게 하소서.
배우자의 약점을 채워 주고 보완해 주는 마음으로 살기 원합니다.
배우자의 잘됨이 질투의 대상이 되지 않게 하소서.

"즐거워하는 자들과 함께 즐거워하고
우는 자들과 함께 울라"
(롬 12:15).

가정에서는 서로의 약한 점을 편하게 보이고
서로 감당해 주기 원합니다.
사회에서 지쳐 들어왔을 때에
반겨 안아 주는 배우자 되게 하소서.
배우자가 사회에서 더 가치 있는 존재가 되기 위해
쉼이 되는 가정 되게 하소서.
가정이 서로에게 쉼이 되고,
사회로 나갈 힘을 얻는 관계 되게 하소서.
나의 힘이 되시는
예수 그리스도의 이름으로 기도합니다. 아멘!

3장

**인내를 온전히 이루라 이는 너희로 온전하고 구비하여
조금도 부족함이 없게 하려 함이라**(약 1:4)

내 마음대로 되는 배우자는 없습니다.
부부는 함께 움직여 다른 자리에서 만나야 합니다.
"나의 없는 부분을 보완하라고
이토록 다른 사람을 배우자로 주심을 믿습니다.
서로가 달라서 보완하고 채워 갈 수 있습니다."

51

무엇이 맞냐를 따지기 전에
기도하게 하소서

평화의 하나님 아버지,
이 땅에 평화를 주기 위해 예수님을 보내신
아버지의 사랑에 감사드립니다.
오늘도 우리 가정 가운데 평화의 왕으로 오시옵소서.
모든 분열과 다툼이 있는 곳 가운데 서셔서 불화를 막아 주소서.
내가 맞다, 네가 맞다 싸우는 가정 가운데 임하여 주소서.
나의 말대로 하지 않으면
직성이 풀리지 않는 모든 고집을 회개합니다.

설령 내 말이 하나님 앞에 맞다 하더라도,
잘못된 방식으로 강요하지 말게 하소서.
누가 맞느냐는 것으로 싸우고 다툰다면,
이미 모든 것은 틀린 것이 됨을 알게 하소서.
맞는 것을 얼마나 좋은 방법으로
설득하고 이해시킬지를 고민하게 하소서.

> "무엇보다도 뜨겁게 서로 사랑할지니
> 사랑은 허다한 죄를 덮느니라"
> (벧전 4:8).

서로가 서로의 생각만을 고집하는
이기심을 내려놓게 하소서.
나의 생각이 늘 맞을 것이라는
전제 자체를 내려놓습니다.

부부가 서로를 향해 자신의 생각을 고집하기 전에
기도하게 하소서.
하나님의 뜻을 구하는 열린 마음으로 대화하게 하소서.
무엇이 맞냐를 고르는 일보다
싸우고 있는 자신의 모습을 바라보게 하소서.
고집은 언제나 다툼을 불러옴을 알고
서로의 마음을 바라보는 긍휼의 마음을 주소서.
죽음으로 승리를 얻으신
예수 그리스도의 이름으로 기도합니다. 아멘!

52

묵묵히 기다려 주는
바위와 같은 사랑 하기를 원합니다

한결같으신 하나님 아버지,
나의 사는 모든 날 동안
한결같은 사랑으로 지키신 아버지, 감사합니다.
어린 시절이나 성인이 되어서나
하나님은 언제나 동일하셨습니다.
내가 기억하는 순간이나 내가 기억하지 못하는 순간이나
한결같으셨습니다.
그 사랑으로 오늘도 함께하심에 감사를 드립니다.
그 동일한 사랑으로 나의 배우자도 지키심을 믿습니다.

우리의 삶의 모든 굴곡을 지켜보시고
때마다 시마다 도우신 하나님 아버지,
나의 배우자의 삶에도 그 모든 굴곡을 지키시고
그 눈을 떼지 말아 주소서.
언제나 묵묵히 한자리에서 기다려 주셨던 그 사랑이
사는 힘이 되게 하소서.

"주는 한결같으시고 주의 연대는 무궁하리이다
주의 종들의 자손은 항상 안전히 거주하고
그의 후손은 주 앞에 굳게 서리이다"
(시 102:27-28).

그리고 나도 배우자를 위해
묵묵히 기다려 주는 바위 같은 사랑을 하게 하소서.
때로 흔들리고, 좌절하고, 광야의 길을 걸어갈 때에도
나의 자리를 지키게 하소서.

사람들이 모두 비난하고 무시할 때라도
나만은 묵묵히 배우자를 지키게 하소서.
흔들림 없이 기다려 주는 든든한 버팀목이 되게 하소서.
우리 부부가 가벼이 흩날리는 겨와 같지 않고
바위처럼, 나무처럼 지키는 사랑 되게 하소서.
하나님이 힘 주소서.
서로를 묶는 든든한 성령의 끈으로 하나 되게 하소서.
나를 하염없이 기다려 주시는
예수 그리스도의 이름으로 기도합니다. 아멘!

53

서로를 바라볼 때 미소 짓는
부부 되게 하소서

기쁨이 되시는 하나님 아버지,
언제나 우리의 삶에 기쁨의 원천이 되시는 아버지, 감사합니다.
재 대신 화관을 씌우시고,
슬픔 대신 기쁨을 주시는 아버지를 찬양합니다.
우리의 기쁨은 내게 주어지는
결과 하나하나에 있지 않음을 선포합니다.
나의 상황이 아니라 나의 자녀 됨으로,
나의 아버지로 인해 기뻐하게 하소서.
우리의 환경을 넘어서는 기쁨을 허락하소서.

우리 가정이 서로에게 기쁨을 주는 사람 되기 원합니다.
우리 부부가 서로의 한숨을 바꿔
미소가 되게 만드는 배우자 되게 하소서.
웃음을 잃은 배우자에게 그 손을 잡아
아직 실망하지 않아도 된다 말하게 하소서.

> "비록 무화과나무가 무성하지 못하며 포도나무에 열매가 없으며…
> 외양간에 소가 없을지라도 나는 여호와로 말미암아 즐거워하며
> 나의 구원의 하나님으로 말미암아 기뻐하리로다"
> (합 3:17-18).

하나님이 계시니 기뻐해도 된다 말해 주는

배우자 되게 하소서.

나의 배우자가 하나님으로 인해

기뻐할 수 있는 사람 되게 하소서.

서로가 만나 얼굴을 바라볼 때

미소를 지어 줄 수 있는 부부 되게 하소서.

지친 어깨를 다독여 힘내게 하는 부부 되게 하소서.

누구랄 것도 없이 배우자를 향하여

먼저 웃어 주는 부부 되게 하소서.

함께 있음으로 다시 일어설 수 있는 우리가 되게 하소서.

나의 기쁨이 되시는

예수 그리스도의 이름으로 기도합니다. 아멘!

54

함께 짐을 질 수 없을 때는
서로의 짐을 지길 원합니다

하나님 아버지,
하나님의 은혜로 가정을 이루게 하시고
좋은 배우자를 허락하심에 감사드립니다.
배우자가 있다고 해서 모든 것을,
모든 순간을 함께할 수 없음을 받아들이게 하소서.
때로는 일로, 때로는 질병으로, 때로는 마음의 어려움으로
거리를 두는 일이 있습니다.
그런 때에도 하나님이 우리 부부를 도와주소서.
어쩔 수 없는 상황으로 함께할 수 없을 때
주여, 우리 부부를 지켜 주소서.

때로는 각자의 짐을 지고 홀로 걷듯이
버텨야 하는 순간이 옵니다.
함께 짐을 져 줄 수 없는 상황이 될 때에 포기하지 말게 하소서.
질병으로 배우자 중 한 사람이 누워 있을 때에
나머지의 짐을 지고 잘 견디게 하소서.

"인내를 온전히 이루라
이는 너희로 온전하고 구비하여
조금도 부족함이 없게 하려 함이라"
(약 1:4).

혹 멀리 떨어져 지내야 하는 긴 시간이 있더라도
의연하게 자신의 자리를 지키게 하소서.
마음에 병이 들어 짐을 함께 질 수 없을 때라도
홀로 걷듯이 버틸 수 있는 힘을 주소서.

어느 때에는 내가, 어느 때에는 배우자가
조금 더 짐을 질 수 있음을 인정합니다.
서로가 그렇게 짐을 져 주면서
먼 인생길의 동반자가 되는 법을 배우게 하소서.
불평 불만하지 않고 마치 홀로 걸어가듯
그 시간을 잘 견뎌 승리하게 하소서.
나의 짐을 가볍게 하시는
예수 그리스도의 이름으로 기도합니다. 아멘!

55

예수로 세워지는 가정 되게 하소서

모든 것 되시는 하나님 아버지,
여호와 하나님이 우리 가정의 주인 되심에 감사드립니다.
나에게 생명 주시고, 존재하게 하시고,
걸어가게 하시니 감사합니다.
사랑하는 배우자를 주셔서 혼자가 아니라
함께 걸어가게 하시니 감사합니다.
나의 하나님 여호와께서 유일한 참 신이심을
우리 부부가 함께 고백하게 하소서.
우리 가정 모든 사람이 예수 그리스도를 주로 고백하기 원합니다.

먼저 우리 부부가 예수 그리스도로 든든히 세워지게 하소서.
우리 가정의 진정한 가장이 하나님이심을 고백하게 하소서.
배우자와 나는 가정의 기초이니
하나님을 믿는 신앙으로 견고히 서기 원합니다.
그래서 이 가정에 태어나는 자녀들에게
그 믿음이 흘러가길 소망합니다.

> "그리스도 예수께서 친히 모퉁잇돌이 되셨느니라…
> 너희도 성령 안에서 하나님이 거하실 처소가 되기 위하여
> 그리스도 예수 안에서 함께 지어져 가느니라"
> (엡 2:20-22).

그렇게 복음이 전해지고,
세상을 향해 나아가는 가정 되게 하소서.

모든 사람들 앞에
예수로 세워지는 모범의 가정이 되게 하소서.
배우자와 함께 기도를 쌓아 가기 원합니다.
배우자와 함께 말씀을 읽고 그 길 따라가길 원합니다.
배우자와 함께하는 신앙생활이 기쁨이 되게 하소서.
우리 가정의 주인 되시는
예수 그리스도의 이름으로 기도합니다. 아멘!

56

공통된 꿈을 가지고 기도하게 하소서

하나님 아버지,
오늘도 우리 가정을 인도하시는 아버지, 감사합니다.
어제까지의 배우자로서 부족했던 나의 모습을 회개합니다.
내가 알고 지었던 죄들도 있고,
모르고 지었던 죄들도 있습니다.
합당치 못했던 모든 죄악을
예수 그리스도의 보혈로 씻어 주소서.
날마다 회개함으로 새롭게 시작하는 은혜를 허락하소서.

배우자의 꿈을 존중하며,
나의 꿈을 실현해 가는 건강한 부부 되기 원합니다.
그러나 각자의 꿈만이 아니라,
믿음으로 하나 된 공통의 꿈을 꾸기 원합니다.
한 가정으로 아름다운 하나의 꿈을 갖게 하소서.
하나님의 뜻 안에서 서로가 격려하며,
도우며, 키워 가는 좋은 씨앗이 되기 원합니다.

"또 약속하신 이는 미쁘시니 우리가 믿는 도리의 소망을 움직이지 말며
굳게 잡고 서로 돌아보아 사랑과 선행을 격려하며"
(히 10:23-24).

선한 영향력을 끼칠 수 있는
아름다운 꿈을 만들게 하소서.
하나님이 허락하신 이 세상에서
작지만 소중한 영향력을 갖기 원합니다.

선한 것을 향한 마음을 허락하소서.
다른 사람을 향한 돕는 마음을 허락하소서.
하나님이 품게 하시는 꿈을 발견하고
함께 기도하고 나아가는 부부 되게 하소서.
언제나 나를 기대하시는
예수 그리스도의 이름으로 기도합니다. 아멘!

57

환경을 넘어서는
견고한 믿음의 용사 되게 하소서

하나님 아버지,
배우자를 위해 기도합니다.
하나님이 사랑하시는 배우자의 영혼 가운데
언제나 함께하심을 감사드립니다.
내가 알지 못하는 순간에도
하나님은 배우자를 지키고 계심을 믿습니다.
무엇보다 배우자의 믿음을 위해 기도합니다.
하나님 앞에 신실한 믿음의 사람 되게 하여 주소서.

여호수아와 갈렙처럼 환경을 넘어서시는
하나님을 바라보는 믿음을 허락하소서.
하나님을 향한 견고한 믿음으로
눈에 보이는 것에 흔들리지 않게 하소서.
하나님이 우리의 인생을 이끄신다는
강력한 믿음의 소유자 되게 하소서.

"이것을 너희에게 이르는 것은 너희로 내 안에서 평안을 누리게 하려 함이라
세상에서는 너희가 환난을 당하나 담대하라 내가 세상을 이기었노라"
(요 16:33).

세상에서 일을 할 때에
하나님으로 인해 담대하게 하소서.
사람들의 인정과 평가에 매달리지 않고
하나님의 인정을 더 귀히 여기게 하소서.

주님이 인도하시는 작은 경험들이 놓쳐지지 않고
하나하나 쌓여 가기 원합니다.
기도함으로 하나님과 더욱 친밀해지기 원합니다.
하나님의 뜻을 분별하고
그 뜻에 더욱 순종하는 사람 되게 하소서.
부부가 하나 되어 이 믿음으로 더욱 견고하게 하소서.
나의 주 예수 그리스도의 이름으로 기도합니다. 아멘!

58

매일 감사의 말을 주고받기 원합니다

은혜의 하나님 아버지,
언제나 한없는 은혜로
우리의 삶을 인도하시는 아버지, 감사합니다.
우리의 삶 가운데 주신 모든 것들이
아버지의 은혜임을 고백합니다.
나에게 필요한 것들보다
훨씬 더 넉넉하게 베푸신 사랑에 감사를 드립니다.
우리는 언제나 모자라다, 모자라다 하지만,
실은 이미 풍족함을 알게 하소서.
하나님이 주신 것을 세어 보고
모든 것에 감사하는 마음을 허락하소서.

냉장고에 먹을 것이 있고,
신발장에 신을 신발이 있음에 감사하게 하소서.
머리 누일 곳이 있고, 건강함에 감사하게 하소서.

"범사에 감사하라
이것이 그리스도 예수 안에서
너희를 향하신 하나님의 뜻이니라"
(살전 5:18).

작은 것 하나도 당연한 것은 없음을 알고
소중히 여기기 원합니다.
배우자의 마음에도 모자란 것보다
있는 것을 보는 눈을 허락하소서.
작은 것에 감사함으로
불평보다 감사의 말을 하는 사람 되기 원합니다.

부부가 서로 감사의 말을 매일 나누기 원합니다.
서로에게 감사하고,
주신 것에 감사하는 매일매일이 되게 하소서.
아침에 일어나 하루 주신 하나님께 감사 기도 드리게 하소서.
이 하루로 새롭게 시작할 수 있음에 기뻐하게 하소서.
나의 주 예수 그리스도의 이름으로 기도합니다. 아멘!

59

결혼은 현실이지만
그 현실이 따뜻하게 해 주소서

사랑의 하나님 아버지,
아버지께서 사랑으로 우리를 보호하심에 감사를 드립니다.
귀한 배우자를 만나게 하시고 함께하게 하시니 감사합니다.
결혼 생활을 통해 하나님의 사랑을 배우게 하소서.
배우자를 통해 나보다 더 넓은 사랑을 경험하기 원합니다.
아버지의 마음을 닮아 가길 원합니다.

결혼 생활이 환상만으로 유지될 수 없음을 압니다.
환상을 꿈꾸며 기대하는 결혼 생활이 아니라,
현실의 기쁨을 누리는 생활 되게 하소서.
각자의 환상을 가지고 결혼했다 하더라도,
서로의 필요를 바라보게 하소서.
나의 필요만을 강요하는 것이 아니라,
서로 채워 주기 위해 애쓰기 원합니다.
그래서 결혼은 현실이지만, 그 현실이 따뜻하게 하여 주소서.

> "사랑하는 자들아 우리가 서로 사랑하자
> 사랑은 하나님께 속한 것이니 사랑하는 자마다
> 하나님으로부터 나서 하나님을 알고"
> (요일 4:7).

배우자의 마음을 만져 주셔서
서로 조정하고 보완하는 데 동의하게 도와주소서.
더 좋은 결혼 생활은 혼자서는 할 수 없음입니다.
서로 마음을 열고 대화하고,
경청함으로 만들어 갈 수 있음을 믿습니다.
우리 부부가 그런 부부 되어서
결혼 생활이 기쁨이 되는 가정 되게 하소서.
나의 주 예수 그리스도의 이름으로 기도합니다. 아멘!

60

날마다 격려로 하루를 시작하기를 원합니다

시간의 주인이신 하나님 아버지,
날마다 우리에게 새로운 하루를 허락하시는 아버지, 감사합니다.
배우자와 함께 시작하는 날들이 얼마나 많은지요.
셀 수 없을 만큼 많은 날을 배우자와 함께하고 있습니다.
신혼 시절의 설렘은 금방 끝나 버리고,
무덤덤하게 매일을 맞고 있습니다.
배우자에 대한 설렘이 사라진다 해도
함께 하루를 시작한다는 설렘이 있게 하소서.

배우자의 하루를 기대하게 하소서.
나의 하루를 기대하게 하소서.
그리고 축복의 말로,
상쾌한 인사의 말로 하루를 시작하기 원합니다.
나의 "굿모닝"이라는 인사말이
배우자의 마음을 즐겁게 하게 하소서.
배우자의 따뜻한 포옹이 하루를 살아갈 힘을 주게 하소서.

"근심이 사람의 마음에 있으면
그것으로 번뇌하게 되나
선한 말은 그것을 즐겁게 하느니라"
(잠 12:25).

하루를 격려하며 시작하는 부부 되기 원합니다.
나로부터 먼저 시작하여 이 가정이
아침이면 모두가 웃으며 시작하는 가정 되게 하소서.
찌푸렸던 어제의 모든 근심을 내려놓고
다시 시간을 주신 아버지 앞에 시작하게 하소서.
아침마다 하나님의 시간으로 다시 들어가
소망을 품는 부부 되게 하소서.
나의 주 예수 그리스도의 이름으로 기도합니다. 아멘!

61

고통은 끝이 있음을 믿고
주님과 견디게 하소서

하나님 아버지,
인생을 살면서 좋은 일도 많지만,
어려운 일도 많음을 고백합니다.
피하고 싶은 일들을 피하지 못하여
고난을 당할 때에 우리 부부를 돌아보소서.
장애물에 걸려 넘어져 있을 때에 일으켜 세워 주소서.
배우자가 낙망하여 무너졌을 때에
주님이 그 사람을 건져 주소서.
하나님만이 우리의 모든 어려움을 이기게 하시는 분입니다.

힘겨운 일을 만날 때에
모든 것은 지나간다는 믿음으로 견디게 하소서.
하나님의 손이 우리를 붙들고 계심을 믿고 신뢰하게 하소서.
내 눈에 보이지 않지만, 나와 배우자의 곁에 서서
지키시는 예수 그리스도를 믿게 하소서.
일평생 지속되는 고통은 없습니다.

"또 주께서 주의 구원하는 방패를 내게 주시며
주의 오른손이 나를 붙들고 주의 온유함이 나를 크게 하셨나이다
내 걸음을 넓게 하셨고 나를 실족하지 않게 하셨나이다"
(시 18:35-36).

고통은 끝이 있기 마련이며,
주님과 견디는 이 시간은 지나갈 것입니다.

이 어려움이 배우자를 더 성숙하게 만들 것을 믿습니다.
이 고난의 길이 나를 더 견고하게 만들 줄 믿습니다.
하나님의 손을 잡고 이 광야의 길을 지나가게 하소서.
그리고 하나님과 셋이 지나는 이 길 안에서
우리 부부가 더 단단해지게 하소서.
나의 피난처가 되시는
예수 그리스도의 이름으로 기도합니다. 아멘!

62

세월을 아껴 사랑하게 하소서

나의 하나님 아버지,
언제나 나의 모든 것이 되시는 하나님을 찬양합니다.
우리를 구원하시고, 인생길을 지키시며, 여기까지 오게 하셨습니다.
나에게 주어진 인생길의 끝을 알 수 없어
아직 많이 남은 것처럼 느껴집니다.
그러나 실제 우리의 인생은
언제 끝이 나는지 아무도 모름을 고백합니다.
우리에게 주어진 시간을 가늠할 수 없다고
방만하게 살지 않게 하소서.

주님이 허락하신 시간을 아끼기 원합니다.
세월을 아껴 주님을 위해 살며, 의미 있는 삶을 살아가기 원합니다.
이 세월을 아낌이 쉬지 않고 미친 듯이 일만 하라는 의미가 아니라
주신 시간 안에 기뻐하고, 감사하고, 성실하고,
가치 있는 일에 관심을 갖게 하소서.
배우자와 싸우는 시간이 얼마나 아까운 시간인지 알게 하소서.

"그런즉 너희가 어떻게 행할지를 자세히 주의하여
지혜 없는 자같이 하지 말고 오직 지혜 있는 자같이 하여
세월을 아끼라 때가 악하니라"
(엡 5:15-16).

미워하고, 나쁜 의도를 상상하고, 침묵하며
불만을 토로하는 시간들을 없애게 하소서.
바뀌지도 않을 일에 불평과 불만을 토하고,
반복적으로 험담하는 일을 멈추게 하소서.
사랑하기에도 모자라는 시간입니다.
사랑하기까지가 너무 멀다면 듣게 하시고,
이해하게 하시고, 공존하게 하소서.
모든 시간을 사랑하신
예수 그리스도의 이름으로 기도합니다. 아멘!

63

무의미한 실랑이를 멈추고
낮은 자리에 머물기를 원합니다

하나님 아버지,
이 땅을 살아가면서 항상 세상의 기준과
성경의 기준이 충돌함을 느낍니다.
세상에서는 내가 우위를 점해야 편하게 살 수 있다고 유혹합니다.
그러나 주님은 언제나 높은 자리에 앉지 말고
낮은 자리에 앉으라 하십니다.
하나님, 나의 중심이 올바른 길을 찾아가도록 도와주소서.
배우자를 향하여서도 세상의 기준을 따르지 않고
성경의 기준을 따르게 하소서.

보이지 않는 서열 다툼에서 자유롭게 하소서.
내가 우위를 점하는 일이 얼마나 덧없는 일인지 깨닫게 하소서.
사랑하는 사람과 누가 주도권을 잡느냐를 놓고
시간 낭비, 감정 낭비를 하지 말게 하소서.
무의미한 실랑이를 멈추고, 서로 조금 낮은 자리에서 섬기게 하소서.
내가 섬길 때 배우자도 함께 섬기게 하여 주소서.

"그리스도를 경외함으로 피차 복종하라"
(엡 5:21).

서로를 이용하려 하지 않고, 서로를 위해 주게 하소서.
더 사랑하고 덜 사랑함도 없이,
서로에게 좋은 사람이 되게 하소서.
배우자에게도 동일한 마음 주셔서
서로 아깝다 여기지 않고 주게 하소서.
배우자를 위하는 것이
곧 나를 위하는 것임을 서로가 알게 하소서.
나보다 낮은 자리에서 섬기신
예수 그리스도의 이름으로 기도합니다. 아멘!

64

하나님이 가정의
든든한 울타리 되어 주소서

지키시는 하나님 아버지,
우리의 모든 것을 아시고 지키시는 아버지, 감사합니다.
나는 위험한지도 모르고 지났던 많은 일들 속에
하나님의 도우심이 있었음을 고백합니다.
내가 더 감사하지 못함은
하나님의 일하심을 다 알지 못함입니다.
눈동자와 같이 나를 살피시고, 인도하시고, 지키심에
감사와 찬양을 드립니다.
오늘도 그 은혜로 살고 있음을 고백합니다.

배우자의 하나님이 그 사람의 파수꾼 되어 주소서.
그의 영적인 안전과 육체적인,
정신적인 위험으로부터 지켜 주소서.
그래서 하나님 앞에 든든히 서는 신앙인 되게 하소서.
그리고 그 믿음으로 또한 이 가정을
주님께 맡겨 드리는 아버지의 자녀 되게 하소서.

"여호와는 나의 반석이시요 나의 요새시요 나를 건지시는 이시요
나의 하나님이시요 내가 그 안에 피할 나의 바위시요 나의 방패시요
나의 구원의 뿔이시요 나의 산성이시로다"
(시 18:2).

하나님만이 가장 든든한 이 가정의
울타리가 되어 주심을 믿습니다.

영적인 적들의 손에서 우리를 지켜 주소서.
우리 부부가 깨어서 기도하길 원합니다.
신앙이 나태하여 울타리가 무너지는 일이 없게 하소서.
하나님의 손을 붙들고 동행하는 부부 되게 하소서.
나의 주 예수 그리스도의 이름으로 기도합니다. 아멘!

65

서로의 장점을 적극적으로
배우기 원합니다

창조의 하나님 아버지,
이 세상의 모든 것을 창조하신 아버지, 감사합니다.
사랑하는 배우자를 만드셔서
이렇게 동행하게 하시니 감사합니다.
나의 배우자는 하나님의 아름다운 작품임을 인정합니다.
그리고 그 안에 담긴 하나님의 형상을 바라봅니다.
나의 눈과 나의 선입견이 아니라,
아버지의 사랑의 눈으로 바라보게 하소서.

하나님이 만드신 모든 인간 중에는
누구도 단점만 있는 사람은 없습니다.
그 안에 담긴 수많은 장점들을 발견하고 키우게 하소서.
나에게 없는 장점을 바라볼 때 칭찬하고 격려하게 하소서.
그리고 그 장점을 적극적으로 배우고 나를 발전시키게 하소서.
나의 없는 부분을 보완하라고
이토록 다른 사람을 배우자로 주심을 믿습니다.

> "하나님이 자기 형상 곧 하나님의 형상대로
> 사람을 창조하시되 남자와 여자를 창조하시고"
> (창 1:27).

한 가정의 하나 됨은 모든 것이 똑같아서
하나를 이루는 것이 아님을 고백합니다.
서로가 달라서, 서로의 장단점이
때로는 반대여서 보완하고 채워 갈 수 있습니다.
하나님의 그 섭리를 이해하고 감사하게 하소서.
왜 이렇게 다르냐고 불평하기보다,
달라서 배울 수 있는 많은 것이 있음을 감사하게 하소서.
서로 다른 인간을 동일하게 사랑하신
예수 그리스도의 이름으로 기도합니다. 아멘!

66

삶을 풍요롭게 하는 대화를
누리게 하소서

하나님 아버지,
우리의 건강하고 행복한 삶을 원하시는 아버지, 감사합니다.
똑같은 인생을 살면서 의욕 없이 살지 않게 하소서.
하나님이 주신 인생을 값지고 건강하게,
활력 있고 아름답게 살게 하소서.
사랑하는 배우자와 함께 건강한 삶을 살기 원합니다.
우리 부부에게 건강을 허락하여 주소서.

배우자에게 건전한 취미와 운동이 일상이 되기 원합니다.
서로 존중하고 함께 할 수 있는 취미를 발견하게 하소서.
서로의 휴식이 되는 그 시간이
서로를 외롭게 하는 시간이 되지 않게 하소서.
한 사람이 즐겨하는 시간에 한 사람은
고독한 시간을 보내지 않게 하소서.
서로가 함께 격려하며 즐겁게 누릴 수 있는
취미와 운동을 갖게 하소서.

"보라 형제가 연합하여 동거함이
어찌 그리 선하고 아름다운고"
(시 133:1).

일상을 살면서 무미건조한 대화가 아니라,
즐거운 대화를 나누기 원합니다.
일에 대한 이야기만이 아니라,
삶을 풍요롭게 누리는 이야기를 나누게 하소서.
이런 여가의 삶이 부부에게 꼭 필요하다는 것을
배우자도 이해하게 하소서.
시간이 가면서 무덤덤해지지 않도록
서로 노력하는 부부 되게 하소서.
나의 주 예수 그리스도의 이름으로 기도합니다. 아멘!

67

자녀에 대한 계획을 함께 나누게 하소서

하나님 아버지,
천지를 창조하시고 우리에게 생육하고 번성하라 하신
아버지, 감사합니다.
주님이 처음 만드신 공동체인
부부 공동체를 이루게 하시니 감사합니다.
한 몸이 되어 하나님의 뜻을 이루며
아버지의 기뻐하시는 가정이 되게 하소서.
하나님의 크신 계획 안에 우리 부부의 삶이 이루어지기를 원합니다.
아버지께서 친히 우리 부부를 인도하여 주소서.

하나님이 허락하신 자녀를 향한
아름다운 소망도 함께 꿈꾸기 원합니다.
배우자에게 자녀가 나의 소유가 아니며,
하나님의 것임을 인정하게 하소서.
하나님이 우리 부부에게 맡기신 귀한 선물임을 알게 하소서.

"보라 자식들은 여호와의 기업이요 태의 열매는 그의 상급이로다
젊은 자의 자식은 장사의 수중의 화살 같으니
이것이 그의 화살통에 가득한 자는 복되도다…"
(시 127:3-5).

자녀에 대한 다른 생각 때문에
다투거나 불화가 일어나지 않게 하소서.
함께 상의하고,
무엇보다 함께 기도하기 원합니다.

자녀의 존재와 미래를
부부 어느 한 사람에 의해 끌고 가지 말게 하소서.
선하신 하나님이 나와 배우자의 인생을 이끄셨듯이
자녀의 삶도 이끄실 것을 믿습니다.
우리의 미래를 아시는 하나님의 손에
부부가 함께 자녀를 맡겨 드리게 하소서.
나의 꿈이 아니라,
자녀를 향해 하나님이 꾸시는 꿈을 발견하게 하소서.
나를 인도하시는
예수 그리스도의 이름으로 기도합니다. 아멘!

68

하나님의 신실함으로
사랑하게 하소서

변치 않으시는 하나님 아버지,
하나님은 졸지도 않으시고,
주무시지도 않으시는 분임을 찬양합니다.
우리를 향한 아버지의 사랑은 한 번도 변하지 않았습니다.
영원한 그 사랑을 인해 감사와 찬양을 올려 드립니다.
배우자를 만나게 하시고
부부가 되게 하신 하나님의 계획을 신뢰합니다.
그 믿음으로 서로가 신실하게 하소서.

좋을 때 사랑하고, 싫을 때 미워하면 절대로 신실할 수 없습니다.
사랑할 만할 때 사랑하겠다고 하면
우리의 사랑은 너무 짧을 것입니다.
좋을 때에도, 싫을 때에도, 도움이 될 때에도,
도움이 되지 않을 때에도 사랑하게 하소서.
나를 위해 줄 때에도,
내가 더 위해 주어야 할 때에도 사랑하게 하소서.

"이스라엘을 지키시는 이는 졸지도 아니하시고
주무시지도 아니하시리로다
낮의 해가 너를 상하게 하지 아니하며
밤의 달도 너를 해치지 아니하리로다"(시 121:4, 6).

배우자가 사회적으로 성공할 때에도,
세상에서 실패할 때에도 사랑하기 원합니다.

진정한 사랑은 힘들고 어려울 때,
밉고 버거울 때도 사랑하는 것입니다.
배우자에게 기대하기보다 내가 먼저 사랑하게 하소서.
하나님이 우리를 먼저 사랑하셨던 것처럼,
나도 그렇게 신실하게 사랑하게 하소서.
때로 사랑하는 것에 실패하겠지만,
그래도 포기하지 않고 도전하는 부부 되게 하소서.
나를 언제나 사랑하신
예수 그리스도의 이름으로 기도합니다. 아멘!

69

복의 통로 되게 하소서

복 주시는 하나님 아버지,
우리의 모든 삶의 근원이 되시는 아버지, 감사합니다.
하나님이 주시는 복만이 우리의 삶을
진정으로 풍성하게 함을 믿습니다.
사랑하는 배우자의 삶이
아버지께서 주시는 복으로 가득하길 기도합니다.
세상의 복을 따라다니느라 시간 낭비하지 않게 하소서.
복의 근원이신 아버지께 축복받는 존재가 되게 하소서.

악한 자의 꼬임에 넘어가지 않는 사람 되게 하소서.
세상적으로 지혜로워 보이나
하나님 앞에서 악한 것을 구별할 줄 알게 하소서.
가지 말아야 할 자리에 가지 않게 하소서.
보지 말아야 할 것을 보지 않게 하소서.
하나님의 선한 것을 보게 하시고, 그 선한 것을 행하게 하소서.

> "복 있는 사람은 악인들의 꾀를 따르지 아니하며 죄인들의 길에 서지 아니하며
> 오만한 자들의 자리에 앉지 아니하고 오직 여호와의 율법을 즐거워하여
> 그의 율법을 주야로 묵상하는도다"
> (시 1:1-2).

아브라함의 복처럼 사람들에게
복의 통로가 되는 사람이 되기 원합니다.
우리 부부 덕분에 많은 사람들이
힘과 위로를 얻는 선함을 갖게 하소서.
사람들이 우리 부부의 얼굴에서
아버지의 사랑을 발견하게 하소서.
하나님의 복 안에 기쁨으로 머무는 부부 되게 하소서.
나의 전부가 되시는
예수 그리스도의 이름으로 기도합니다. 아멘!

70

서로의 원가족을 존중하도록 하소서

하나님 아버지,
서로 전혀 다른 삶을 살던 사람이 만나
부부가 되게 하신 은혜 감사합니다.
이렇게 다른 사람들이 만나서
부부가 되고 가정이 됨이 기적임을 고백합니다.
아버지, 이 기적이 이루어질 때 평화로운 화합을 허락하소서.
다른 문화와 다른 풍토, 다른 생각과
다른 예의가 만나 충돌할 때 지켜 주소서.
이런 다름에는 높낮이가 없음을,
틀린 것이 아니라 다른 것임을 알게 하소서.

배우자가 자라 온 가정의 배경과 문화를 존중하기 원합니다.
서로의 원가족을 존중하는 마음을 허락하소서.
달라서 때로는 번거로운 일이 생기더라도
서로가 짜증 내지 않고 흔쾌히 응하게 하소서.

> "그러므로 무엇이든지 남에게 대접을 받고자 하는 대로
> 너희도 남을 대접하라 이것이 율법이요 선지자니라"
> (마 7:12).

배우자를 사랑하기 때문에
그의 배경도 사랑할 수 있는 마음을 주소서.
이해할 수 없을 때라도 비난하지 않게 하소서.

오늘의 나는 과거의 나의 삶이 모여서 이룬 것임을 기억합니다.
배우자의 오늘은 배우자의 과거의 삶이 모여
이룬 것이니 과거도 소중합니다.
현재만 떼어 내어 인정하는 것이 아니라,
배우자의 과거도 인정하게 하소서.
서로의 부모님과 가정을 존중함으로
배우자에 대한 예의를 갖추게 하소서.
나의 주 예수 그리스도의 이름으로 기도합니다. 아멘!

71

이인삼각 경기처럼 함께 달리며
성장하는 부부 되게 하소서

힘 주시는 하나님 아버지,
아침마다 새롭게 하시고
날마다 힘 주시는 아버지, 감사합니다.
어린 시절부터 지금까지 단 한순간도
나를 놓치지 않고 보고 계심에 감사합니다.
육체가 자라나고 성인이 되면서
나의 영혼도 함께 자라게 하셨습니다.
사랑하는 배우자의 삶도 하나님의 도우심으로
여기까지 왔음에 감사를 드립니다.
우리 부부의 삶이 이제 함께 성장하는 삶이 되게 하소서.

부부로 살다 보면 한 사람은 끝없이 성장하는데,
한쪽이 그렇지 못할 때가 있습니다.
누군가는 뒷바라지를 하거나,
누군가는 질병 중에 있을 때에도 그 영혼은 성장하게 하소서.
한 사람이 뒤처져 있을 때에

> "의인은 종려나무같이 번성하며 레바논의 백향목같이 성장하리로다
> 이는 여호와의 집에 심겼음이여 우리 하나님의 뜰 안에서 번성하리로다"
> (시 92:12-13).

다른 배우자가 그 사람을 무시하지 않고 격려하게 하소서.
함께 손을 잡고 뒤처져 있는 배우자를 도와
성장의 길로 가게 하소서.
부부는 한 몸이니 결국 동행해야 함을 알고
손을 놓지 말게 하소서.

이인삼각 경기를 하듯이
다리를 묶고 함께 달리는 것이 부부의 삶입니다.
한 사람이 넘어지면 결국 나도 넘어짐을 명심하게 하소서.
배우자를 돕는 것이 나를 돕는 것임을 알고
사랑으로 안고 달리게 하소서.
서로 사랑으로 서로의 성장을
격려하고 응원하는 부부 되게 하소서.
언제나 우리를 응원하시는
예수 그리스도의 이름으로 기도합니다. 아멘!

72

배우자의 언어를 지켜주소서

먼저 찾아오신 하나님 아버지,
언제나 먼저 찾아오시는 하나님 아버지, 감사합니다.
먼저 나를 사랑하시고, 먼저 찾아 주시고,
먼저 품어 주시는 아버지, 감사합니다.
하나님의 사랑은 언제나 지체하지 않으시는 사랑입니다.
이 사랑을 힘입어 저도 배우자를 사랑하기 원합니다.
배우자의 마음에 하나님의 사랑이 가득하기를 기도합니다.

배우자가 좋은 대화 방식을 가질 수 있게 도와주소서.
부부가 서로 좋은 의사소통의 방법을 갖도록 노력하기 원합니다.
자신의 편한 방식대로가 아니라,
상대를 배려한 방식의 소통을 하게 하소서.
자신의 생각과 감정을 명확하지만
따뜻하게 표현하는 능력을 주소서.
일평생 의사소통을 할 때에 서로를 존중하게 하소서.

"선한 말은 꿀송이 같아서
마음에 달고 뼈에 양약이 되느니라"
(잠 16:24).

배우자의 언어를 주님이 붙들어 주소서.
사람을 세우고 존중하며,
선명하고 따뜻하게 말하는 사람 되게 하소서.
마음과 감정을 잘 표현할 줄 아는 사람이 되게 하소서.
부부의 언어가 일평생 아름답게 하소서.
나의 주 예수 그리스도의 이름으로 기도합니다. 아멘!

73

마음의 풍랑을 잘 다스리는
사람 되게 하소서

하나님 아버지,
풍랑을 잠잠케 하시며, 모든 것의
주인 되시는 아버지, 감사합니다.
모든 권세를 가지신 하나님이 나의 아버지이심을 찬양합니다.
우리 인생의 모든 풍랑을 잠잠하게 하실
권능이 아버지께 있음을 믿습니다.
삶의 풍랑만이 아니라
마음의 풍랑도 주님이 잠잠하게 하여 주소서.
우리 부부의 살아가는 모든 여정 가운데 동행하여 주소서.

배우자의 삶이 어려울 때에
그 마음의 힘듦을 아시는 주님이 함께하소서.
걱정과 스트레스로 고통스러워할 때에
그것을 다스리는 힘을 주소서.
미움과 분노의 풍랑이 몰아칠 때에
주님 앞에 나아가는 법을 알게 하소서.

> "예수께서 깨어 바람을 꾸짖으시며
> 바다더러 이르시되 잠잠하라 고요하라 하시니
> 바람이 그치고 아주 잔잔하여지더라"
> (막 4:39).

자신이 감당 못할 일을 만날 때에
주님께 쏟아 놓고 평안을 얻게 하소서.
주님 안에 모든 평강이 있음을 알고
순간순간 주님 앞에 나아가는 사람 되게 하소서.

우리 부부가 풍랑 가운데 있을 때에
주님을 우리 가정이라는 배에 모시기 원합니다.
마음의 폭풍을 배우자에게 쏟아 내지 않게 하소서.
배우자가 감정 쓰레기통이 되지 않도록
스스로를 다스리고 인내하는 법을 알게 하소서.
나의 상처를 배우자에게 쏟아 내지 않고
주님 앞에 나아가 평안을 얻게 하소서.
평안을 주시는
예수 그리스도의 이름으로 기도합니다. 아멘!

74

아버지의 뜻대로 결정하게 하소서

지혜의 하나님 아버지,
말씀으로 천지를 창조하신 아버지, 감사합니다.
그 말씀의 지혜로 우리 가정을 다스려 주소서.
배우자에게 올바른 결정을 내리는 지혜를 허락하소서.
하나님의 지혜를 힘입어,
아버지의 말씀을 기준 삼아 살게 하소서.
그래서 자신의 경험에 근거한 지혜가 아니라,
아버지의 지혜로 판단하게 하소서.

위기의 때에 아버지, 도와주소서.
미래를 보시는 하나님의 안목으로
배우자의 결정을 도와주소서.
어려운 선택을 앞두고 있을 때에 주님, 함께하소서.
무엇이 유익할지보다
무엇이 하나님의 뜻에 맞는지를 살피게 하소서.
우리 부부가 함께 결정할 때에 주님, 그 자리에 함께하소서.

> "너는 범사에 그를 인정하라 그리하면 네 길을 지도하시리라…
> 여호와를 경외하며 악을 떠날지어다
> 이것이 네 몸에 양약이 되어 네 골수를 윤택하게 하리라"
> (잠 3:6-8).

각자의 의견을 주장하기 이전에 기도하게 하소서.

누가 맞느냐, 누구의 뜻을 관철했느냐가 아니라,

아버지의 뜻이 무엇인지 묻게 하소서.

그래서 우리 가정의 주인이 하나님이심을 드러내게 하소서.

말씀 안에서 지혜를 찾게 하시고,

기도하면서 아버지의 뜻을 발견하게 하소서.

나의 주 예수 그리스도의 이름으로 기도합니다. 아멘!

75

인간보다 하나님을 의지하기 원합니다

하나님 아버지,
날마다 새로운 은혜를 부어 주시는 아버지, 감사합니다.
오늘은 오늘 부어 주시는 은혜로 채워 주소서.
사랑하는 배우자에게도
오늘 계획하신 아버지의 뜻을 이루어 주소서.
만남의 축복을 주셔서
좋은 인간관계들이 쌓이게 도와주소서.
그래서 좋은 사람들을 통한 풍성한 은혜를 누리게 하소서.

그러나 그 무엇보다
하나님을 의지하는 사람 되기 원합니다.
사람을 사랑하되 그들을 의지하지 말게 하소서.
오직 우리 부부가 의지할 대상은
하나님 한 분이심을 믿습니다.
언제나 정직하게 하소서.
모든 사람들에게 예의 바르게 하소서.

> "여호와여 힘이 강한 자와 약한 자 사이에는
> 주밖에 도와줄 이가 없사오니
> 우리 하나님 여호와여 우리를 도우소서"
> (대하 14:11).

사람을 의지하려다

사람을 차별하는 실수를 저지르지 않기 원합니다.

조금 더 나은 혜택을 누리려다

사람 눈치 보며 살지 않게 하소서.

오직 하나님을 의지하고 신뢰하며

사람들과 더불어 즐거운 삶 살게 하소서.

함께 더불어 살게 하시되

하나님만을 의지하는 믿음 주소서.

나의 주 예수 그리스도의 이름으로 기도합니다. 아멘!

4장

**내 평생에 선하심과 인자하심이 반드시 나를 따르리니
내가 여호와의 집에 영원히 살리로다**(시 23:6)

모든 일의 소망은 주님 안에 있습니다.
그래서 우리 부부도 소망이 있습니다.
"우리 부부의 선택이
언제나 하나님의 뜻에 고정되게 하소서.
우리 부부의 최고의 우선순위는
하나님이십니다."

76

한 팀으로 잘 가꾸어 나가게 하소서

하나님 아버지,
우리에게 평화를 주시고 기쁨을 주시는 아버지, 감사합니다.
홀로 살게 하지 않으시고 가족을 주신 아버지, 감사합니다.
일평생 동행할 배우자를 주시니 감사합니다.
이 또한 당연한 것이 아님을 고백합니다.
감사하고 감사할 일입니다.

주님이 허락하신 배우자와 함께
일평생 깊은 친밀감을 갖기 원합니다.
결혼한 이후 다른 어떤 사람보다
가장 가까운 사람이 배우자가 되게 하소서.
육체적으로만이 아니라 마음으로도
배우자 이외에 더 가까워지지 말게 하소서.
서로가 하나 됨을 위해 일평생 노력하게 하소서.
서로가 가장 강력한 한 팀이 되게 하소서.

"…네가 젊어서 취한 아내를 즐거워하라
그는 사랑스러운 암사슴 같고 아름다운 암노루 같으니
너는 그의 품을 항상 족하게 여기며 그의 사랑을 항상 연모하라"
(잠 5:18-19).

사랑할 만해서가 아니라
사랑할 수 있는 사람을 주셨으니 사랑하게 하소서.
우리 부부를 한 팀으로, 동반자로 허락하셨으니
잘 가꾸어 나가게 하소서.
서로의 친밀감을 매일매일 깊이 있게 쌓아 가게 하소서.
누구보다 강한 결속력으로 인생의 길을
함께 손잡고 헤쳐 나가게 하소서.
나의 주 예수 그리스도의 이름으로 기도합니다. 아멘!

77

육체적인 필요와 만족을 위해
노력하게 하소서

하나님 아버지,
한 몸을 이루어 사랑하게 하신 배우자를 주신 아버지, 감사합니다.
말씀에 기록된 대로 부모를 떠나 배우자와 한 몸을 이루게 하소서.
육체적으로, 정신적으로 온전한 독립된 성인으로 서게 하소서.
배우자 어느 한쪽만이 독립된 성인이 아니라,
부부 모두 온전히 독립되게 하소서.
그래서 하나의 새로운 가정을 이룰 때에
동등한 어른으로 서게 하소서.

부부 관계로 인해 다툼이나 어려움이 없기를 기도합니다.
육체적인 필요와 기대를 서로 존중하게 하시고,
그것이 기쁨이 되게 하소서.
일평생 배우자와만 육체적인 관계를 갖게 하소서.
하나님이 주신 우물 이외의 것을 탐하지 말게 하소서.
그러기 위해 서로의 기대를 즐거운 마음으로 채울 수 있게 하소서.

> "너는 네 우물에서 물을 마시며 네 샘에서 흐르는 물을 마시라
> 그 물이 네게만 있게 하고 타인과 더불어 그것을 나누지 말라"
> (잠 5:15, 17).

하나님이 아름답게 만드신 부부 관계가
타락의 도구가 되지 않게 하소서.
일평생 서로 즐겁게 관계를 나누며
그로 인해 사랑이 더 깊어지게 하소서.
우리 부부가 자기의 필요만을 채우려 하지 않고
배려하는 마음 갖게 하소서.
서로 노력함으로 함께 더 깊은 친밀감을 누리게 하소서.
나의 주 예수 그리스도의 이름으로 기도합니다. 아멘!

78

배우자에게 베푸는 너그러움은
하나님께 보이는 것입니다

언제나 약한 자들을 돌아보시는 아버지, 감사합니다.
내가 자격이 없을 때에도 나를 사랑하셨던
그 사랑으로 인해 감사를 드립니다.
하나님의 마음을 닮아 서로에게 너그럽기 원합니다.
가난한 자에게, 약한 자에게만 너그러운 것이 아니라,
배우자에게 너그럽게 하소서.
남에게는 잘하면서 정작 배우자에게 엄격하지 않게 하소서.

남에게 베푸는 너그러움은 사람에게 보이는 것입니다.
배우자에게 베푸는 너그러움은 하나님께 보이는 것입니다.
하나님 앞에 가장 먼저 가족에게 관용의 마음을 갖게 하소서.
기꺼이 자신을 희생하는 마음으로 배려하게 하소서.
부부의 모습이 서로에게
동일한 자비의 마음을 품는 자들 되게 하소서.

"…오직 사랑으로 서로 종노릇하라
온 율법은 네 이웃 사랑하기를 네 자신같이 하라
하신 한 말씀에서 이루어졌나니"
(갈 5:13-14).

가족에게서 이웃에게로, 세상을 향하여
자비의 마음을 품기 원합니다.
하나님께로부터 받은 사랑이 흘러넘치게 하소서.
배우자의 마음 가운데
하나님의 사랑이 가득 차고 넘쳐흐르게 하소서.
크신 아버지의 사랑으로 말미암아
넉넉해지는 부부 되기 원합니다.
우리를 위해 죽기까지 희생하신
예수 그리스도의 이름으로 기도합니다. 아멘!

79

세상의 모든 유혹으로부터
보호해 주소서

하나님 아버지,
나의 기도가 하나님께 상달되기를 원합니다.
부족한 자의 소망이지만 이 기도가 값진 열매를 맺게 하소서.
사랑하는 배우자를 위해 기도합니다.
이 세상의 모든 유혹으로부터 그를 보호하여 주소서.
너무 달콤한 모습으로 다가올 때에
하나님과 사탄의 것을 분별할 수 있게 하소서.

예수 그리스도의 보혈로 날마다 씻기시고 정결하게 하소서.
하나님의 천군 천사가 둘러싸고 모든 위험으로부터 보호하소서.
육체적 타락의 유혹, 물질을 숭배하는 유혹,
악의 길로 빠지는 유혹에서 건지소서.
주님을 버리고 우상을 섬기는 유혹과
세상의 교훈을 최고로 두는 유혹을 이기게 하소서.
죄와 싸우게 하시고, 예수의 이름으로 승리하게 하소서.

> "너희가 주 안에서와 그 힘의 능력으로 강건하여지고
> 마귀의 간계를 능히 대적하기 위하여
> 하나님의 전신 갑주를 입으라"
> (엡 6:10-11).

서로가 배우자를 위해 날마다 기도하게 하소서.
서로의 기도가 방패가 되어 영적인 안전을 누리게 하소서.
하나님의 강력하신 손으로
우리 부부를 지켜 주시기 원합니다.
아버지의 주권이 주도하는 가정 되게 하소서.
나의 주인 되시는
예수 그리스도의 이름으로 기도합니다. 아멘!

80

사랑을 꾸미지 않고
가꾸어 나가게 하소서

영원하신 하나님 아버지,
태초부터 영원까지 존재하시고, 창조하시고,
운행하시는 아버지, 감사합니다.
하나님은 위대하시고 모든 영광 받기에 합당하신 분입니다.
먼저 우리를 부르신 아버지께서
우리를 끝까지 사랑하시니 감사드립니다.
아버지의 사랑은 변함이 없으며,
언제나 동일함을 찬양합니다.
그 영원한 사랑을 힘입어
우리 부부도 그 길을 따라가게 하소서.

인간의 마음은 간사하고 변덕스러움을 고백합니다.
사랑하여 선택한 배우자이지만,
사랑할 때보다 미울 때가 많음을 회개합니다.
사랑을 노력하지 않고 그저 자연스럽게 생겨나는 것이라 여겼습니다.
사랑을 꾸미지 말게 하시고, 가꾸어 가게 하소서.

"사람이 무엇으로 심든지 그대로 거두리라…
우리가 선을 행하되 낙심하지 말지니
포기하지 아니하면 때가 이르매 거두리라"
(갈 6:7-9).

아닌 것을 행복한 척, 사랑하는 척하는 것이 아니라,
작은 사랑을 키워 가게 하소서.
사랑은 자연스러운 것이 아니라,
자라게 해야 하는 것임을 믿습니다.

배우자를 내가 매일 조금 더 사랑하게 하소서.
배우자의 마음도 매일 나를 조금 더 사랑하기 위해 애쓰게 하소서.
작은 씨앗 같은 우리의 사랑을 물 주고,
잡초를 뽑아 주고, 돌보아 자라나게 하소서.
그래서 하나님의 사랑처럼
오래 지속되는 힘이 있는 사랑으로 키우게 하소서.
사랑의 원천이 되시는
예수 그리스도의 이름으로 기도합니다. 아멘!

81

가족 친지와
화목함을 누리게 하소서

생명의 근원이신 하나님 아버지,
하나님이 허락하신 원가족으로 인해 감사를 드립니다.
부모님을 통해 생명을 허락하시고, 잘 성장하게 하시니 감사합니다.
좋은 부모님이었든, 나쁜 부모님이었든
그분들이 없었다면 오늘의 내가 없습니다.
이 세상에 태어나는 통로가 되어 주신 부모님께
감사하는 하루 되게 하소서.
그렇게 나의 배우자도 이 땅에 태어나고
성장하게 하셨으니 감사를 드립니다.

내가 나의 부모님께 감사한 마음을 가지듯,
배우자의 부모님께도 그리하게 하소서.
모든 것이 만족스러울 수 없겠지만,
배우자를 존재하게 하신 것으로 감사하게 하소서.
나의 부모님을 존중하듯 배우자의 부모님을
서로 존중하는 부부 되기 원합니다.

> "네 아버지와 어머니를 공경하라
> 이것은 약속이 있는 첫 계명이니
> 이로써 네가 잘되고 땅에서 장수하리라"
> (엡 6:2-3).

자녀를 낳고 가족이 점점 커져 갈 때마다
모든 관계를 사랑하는 배우자 되게 하소서.
자신의 가족만이 아니라
서로의 모든 가족 관계를 존중하게 하소서.

나의 가족이 대접받기 원하는 마음으로
배우자의 가족을 대하게 하소서.
서로가 이기심을 내려놓고
그 배경을 이해하고 감싸 주는 마음 허락하소서.
나를 응원하고 지지해 주는
가까운 사람들이 있음에 감사하게 하소서.
양가의 넓은 친지 관계 속에서도 평안을 누리기 원합니다.
나의 주 예수 그리스도의 이름으로 기도합니다. 아멘!

82

감정 위에 사랑을 쌓지 않고
믿음 위에 쌓기를 원합니다

하나님 아버지,
인간을 창조하시되
온갖 다양한 마음을 허락하신 아버지, 감사합니다.
이 세상이 아름다울 수 있는 것은
모든 만물이 하나도 똑같지 않아서입니다.
나뭇잎 하나도 동일하지 않고
다르게 창조하신 아버지의 섭리를 믿습니다.
다름이 아버지의 뜻이라면,
부부가 다른 것도 주님 안에서 아름다움임을 믿습니다.
이 다름이 우리 부부에게도 감사의 거리가 되게 하소서.

사랑해서 결혼하지만, 사랑은 곧 식어 버립니다.
감정 위에 사랑을 쌓았기에
감정의 변덕스러움에 사랑도 변덕을 부립니다.
배우자의 마음 가운데 사랑을 감정에 쌓지 않게 도와주소서.

"사랑하는 자들아 너희는 너희의 지극히 거룩한 믿음 위에
자신을 세우며 성령으로 기도하며
하나님의 사랑 안에서 자신을 지키며…"
(유 1:20-21).

부부가 되기로 결정하고 인생을 동반할 때에
한결같은 사랑을 허락하소서.
감정보다 이성에, 이성보다 믿음 위에
사랑을 쌓기 원합니다.

때로는 감정의 사랑으로,
때로는 책임지는 이성의 사랑으로 사랑하게 하소서.
어렵고 사랑하기 어려울 때는 포기하지 않고
기다리는 믿음의 사랑 갖게 하소서.
감정이 있을 때는 감정적인 사랑을 누리게 하시고,
감정이 없을 때는 주저하지 않고
내 이성적 선택과 하나님을 향한 믿음이 작동하게 하소서.
책임지는 사랑을 보여 주신
예수 그리스도의 이름으로 기도합니다. 아멘!

83

서로에게 상처 받았을 때
하나님 앞에 치유받게 하소서

치유의 하나님 아버지,
상처받은 자를 치유하시고,
죽은 자를 살리시는 아버지, 감사합니다.
모든 어그러진 것들은 주님 안에서
온전히 회복될 수 있음을 믿고 신뢰합니다.
사랑하는 배우자에게도 주님이 주시는 회복력을 허락하소서.
지치고 힘들 때에 자고 나면
즐겁게 일어나는 회복의 힘을 주소서.
어려움을 만날 때에 포기하고 싶은 마음을 털어버리고
금방 소망을 갖게 하소서.

배우자의 마음에 상처를 받았을 때에
하나님 앞에 기도하면 곧 치유되게 하소서.
영적으로 소진되었을 때에
주님 앞에 곧 회복되는 회복력을 주소서.
우리 부부가 좌절 앞에 무너져 버리지 않게 하소서.

"여호와의 천사가 또다시 와서 어루만지며 이르되
일어나 먹으라 네가 갈 길을 다 가지 못할까 하노라 하는지라"
(왕상 19:7).

함께 기도하고 주님 앞에 나아가며,
날마다 찬양하고 말씀으로 채우는 삶 되게 하소서.
주님 안에 치유가 있고, 주님 안에 회복이 있습니다.

언제나 주님 안에 힘 있게 도전하는 삶을 살게 하소서.
실패를 두려워하지 않을 것은
모든 회복이 주님 안에 있기 때문입니다.
그 믿음이 우리 부부를
언제나 생동감 있는 삶으로 인도하게 하소서.
오늘도 주님의 품 안에서 쉼과 회복을 얻습니다.
나의 회복이 되시는
예수 그리스도의 이름으로 기도합니다. 아멘!

84

온전히 회복될 수 있도록
이해하고 감싸 주기 원합니다

하나님 아버지,
우리의 모든 삶을 주장하시는 아버지, 감사합니다.
내가 태어나고 단 한순간도
외면하지 않으시고 보호하셨던 하나님을 신뢰합니다.
이 세상이 온전하지 못하다 보니
수많은 상처들로 아픈 순간을 지나왔습니다.
그리고 그때그때 회복하지 못하고
그저 쌓아 둔 상처들이 있음을 고백합니다.
아버지여, 그 모든 상처들을 주님 앞에 가지고 나가게 하소서.

사랑하는 배우자와 살아갈 때에
그 상처들로 인해 비정상적인 반응을 합니다.
그래서 다툼이 되고, 또 상처를 주며
악순환을 반복함을 용서하소서.
그 악순환의 고리를 끊어 내고
다시 희망찬 미래를 향해 나아가기 원합니다.

"그런즉 누구든지 그리스도 안에 있으면 새로운 피조물이라
이전 것은 지나갔으니 보라 새것이 되었도다"
(고후 5:17).

과거의 상처에 매이는 모든 것을 끊게 하소서.
우리 부부가 지난 과거의 상처들을
주님 앞에서 해결하기 원합니다.

매번 '나는 이런 상처가 있어서 그래'라며
자신의 잘못된 행동을 정당화하지 않게 하소서.
그러나 서로가 온전히 회복될 때까지는
이해해 주고 감싸 주기 원합니다.
서로가 그렇게 과거로부터 자유로워지는 그날을 속히 허락하소서.
우리 부부가 과거의 모든 짐을 들고
주님 앞에 나아가 자유하게 하소서.
우리에게 자유 주시는
예수 그리스도의 이름으로 기도합니다. 아멘!

85

남과 비교하여 조급해지지 않게 하소서

하나님 아버지,
오늘도 새로운 은혜로 하루를 살게 하신 아버지, 감사합니다.
날마다 주시는 은혜가 넘치고 또 넘칩니다.
하루를 살면서 많은 사람을 만나고, 또 많은 일을 합니다.
그때에 주님이 지켜 주소서.
너무 많은 부정적인 영향력들이 있습니다.

아침에 일어나 핸드폰을 들여다보며 접하는
부정적인 것들을 외면하게 하소서.
만나는 사람들의 부정적인 언어와 태도로부터
영향받지 않게 하소서.
사람들의 기준에 따라 몇 살에는
뭘 해야 하고, 뭐가 있어야 한다는 기준을 버리게 하소서.
우리 또래들이 어디에 살고, 어떤 직장에 다니는지로 인해
급한 마음에 싸이지 않게 하소서.
끝없이 비교하고 높낮이를 계산하는 모든 것에서 나를 보호하소서.

> "하나님 아버지 앞에서 정결하고 더러움이 없는 경건은 곧 고아와 과부를 그 환난 중에 돌보고 또 자기를 지켜 세속에 물들지 아니하는 그것이니라"
> (약 1:27).

우리 부부가 이 세상의 기준에서 요구하는
부정적인 영향으로부터 자유하기 원합니다.
부정적인 사람들의 말, 행동, 태도를 배우지 않게 하소서.
언제나 하나님 안에서 밝고 긍정적이고
소망을 가진 삶을 지향하게 하소서.
부정적인 사람들을 행복한 길로 인도하는 부부 되게 하소서.
나의 주 예수 그리스도의 이름으로 기도합니다. 아멘!

86

배우자에 대한 험담은
기도로 바뀌게 하소서

하나님 아버지,
아버지께서 허락하신 배우자와 가정을 인해 감사를 드립니다.
감사하지만, 때로 힘들고 버거워질 때가 있음을 고백합니다.
나의 부족함과 왜곡됨 때문에 오는 불화를 용서하여 주소서.
작은 일에 과하게 반응하여 일을 그르쳤다면
다시 화해할 용기를 주소서.
다툴 수밖에 없는 일들이 있을 때에도
서로 사랑함을 잊지 말게 하소서.

내 생각에, 내 기준에, 내 상식에 맞지 않는 것을 볼 때 화가 납니다.
그러나 그 모든 기준은 '나'라는 것을 잊지 않게 하소서.
하나님 보실 때가 아니라,
내가 볼 때 화가 나는 것이라면 다시 돌아보게 하소서.
아무리 화가 나고 불만스럽다 하더라도
배우자의 험담은 하나님께만 하게 하소서.
사람에게 하고 싶지만, 결국 누워서 침 뱉는 것과 같은 일입니다.

"범사에 헤아려 좋은 것을 취하고
악은 어떤 모양이라도 버리라"
(살전 5:21-22).

하나님께 토로하면 그것은 기도가 되지만,
사람에게 하면 부끄러운 일이 됩니다.
우리 부부가 배우자로 인해 속상할 때
하나님께 나아가 험담하게 하소서.
우리의 마음을 아시는 하나님 앞에서
험담이 기도로 바뀌는 것을 경험하게 하소서.
그리고 하나님이 조정해 주시는 올바른 기준으로
다시 사랑하는 눈을 갖게 하소서.
나의 주 예수 그리스도의 이름으로 기도합니다. 아멘!

87

결혼 생활을 통해
성취감과 만족감을 얻게 하소서

사랑의 하나님 아버지,
아버지의 계획에는 실수가 없습니다.
하나님의 일하심 안에는
언제나 온전한 아름다움이 있음을 믿습니다.
하물며 하나님이 만드신 이 부부의 관계에는
얼마나 기쁨이 있겠습니까.
이 결혼 생활의 기쁨과 행복을 온전히 누리게 하소서.
부부의 관계가 아름다울 수 있음을 믿게 하소서.

현실에만 집중하여 치열함만 계산하지 말게 하소서.
결혼 생활에도 아름다움이 있다는 기대를 버리지 말게 하소서.
포도원을 망가뜨리는 것은 꼭 침입자가 있어서만이 아닙니다.
그냥 방치하기만 하면
어떤 아름다운 포도원도 스스로 망가짐을 기억하게 하소서.
배우자를 방치하고, 관계를 방치하면서
아름다운 포도원을 기대하지 말게 하소서.

"우리를 위하여 여우 곧 포도원을 허는 작은 여우를 잡으라…
내 사랑하는 자는 내게 속하였고 나는 그에게 속하였도다"
(아 2:15-16).

관계를 만들어 가고, 따뜻한 환경을 만들고,
마음을 표현하며 다가가게 하소서.
부부가 함께 결혼 생활의 기쁨을 만들어 가기 위해
노력하기 원합니다.
자동으로 만들어지는 것이 아님을 알고,
애쓰고 노력하게 하소서.
부부가 함께 결혼 생활을 통해 성취감과 만족감을 얻게 하소서.
나의 주 예수 그리스도의 이름으로 기도합니다. 아멘

88

배우자의 사회적 관계를 인정하게 하소서

하나님 아버지,
이 세상을 만드시고 우리로 세상 가운데
빛과 소금이 되기를 원하심을 믿습니다.
하나님이 만드신 세상에서
온전한 역할을 감당하는 배우자 되게 하소서.
다른 사람의 도움만 받는 것이 아니라,
도움을 줄 수 있는 능력을 갖게 하소서.
사회 속에서도 건강한 인간관계를 잘 맺어 가기 원합니다.
지금까지 살면서 맺어 온 좋은 관계들을 통해
풍성함을 누리게 하소서.

배우자와의 관계가 중요하지만,
그것에만 몰두하고 멈춰지지 않게 하소서.
우리가 나아가야 하는 세상 속에서의
관계들도 건강하게 유지하는 법을 배우게 하소서.
배우자의 우정을 존중하게 하소서.
배우자의 사회적 관계를 인정하는 마음을 허락하소서.

"소금은 좋은 것이로되 만일 소금이 그 맛을 잃으면
무엇으로 이를 짜게 하리요
너희 속에 소금을 두고 서로 화목하라 하시니라"
(막 9:50).

그리고 그 관계들이 가정을 방해하지 않는
건강한 관계가 되게 도와주소서.

모든 관계에서 도를 넘는 일이 없게 하소서.
가정이 중요하다고 가정에만 가둬 두지 않게 하소서.
친구가 중요하다고 가정을 내팽개치는 일이 없게 하소서.
모든 것의 정도를 지키며
삶을 풍요롭게 만드는 관계를 세워 가기 원합니다.
나의 친구가 되어 주시는
예수 그리스도의 이름으로 기도합니다. 아멘!

89

미래의 염려를 던지고
오늘을 풍성하게 살게 하소서

평안을 주시는 하나님 아버지,
우리의 모든 걱정과 근심을 가져가주시는 아버지, 감사합니다.
하나님의 손안에 모든 평안이 있음을 믿고 감사드립니다.
배우자를 위해 기도하며 모든 염려를 내려놓습니다.
우리의 마음속에 있는 모든 불안을 주님 앞에 내어놓습니다.
내가 걱정하는 것들은 아직 오지 않은 것들임을 인정합니다.

미래의 불안함을 상상하며 얼마나 많은 염려를 하는지요.
지금 닥치지 않은 것들을 고민하느라
너무 많은 시간을 보내고 있음을 회개합니다.
오지 않은 미래가 와 있는 오늘의 현실을
잠식해 버리고 있습니다.
미래의 염려를 다 던져 버리게 하소서.
그리고 주어진 오늘을 힘차게 살게 하소서.

"그러므로 염려하여 이르기를
무엇을 먹을까 무엇을 마실까 무엇을 입을까 하지 말라…
내일 일은 내일이 염려할 것이요 한 날의 괴로움은 그날로 족하니라"
(마 6:31-34).

배우자의 하루가, 오늘이, 현재가
풍성함으로 가득하길 기도합니다.
우리 부부의 미래가 하나님의 손에 있음을
선포하고 자유를 얻기 원합니다.
하나님께 우리의 미래는 달려 있습니다.
그래서 오늘 희망으로 가득 찰 수 있습니다.
나의 모든 가능성이 되시는
예수 그리스도의 이름으로 기도합니다. 아멘!

90

삶의 유머를 잃지 않는
즐거운 부부 되게 하소서

하나님 아버지,
세상을 창조하시고 기뻐하셨던 아버지, 감사합니다.
하나님의 눈에 아름다운 세상은 얼마나 멋진 것이었을까요.
비록 많이 타락하고 쇠퇴한 이 세상이지만,
넘치는 아름다움이 있음에 감사드립니다.
기뻐하고, 행복해하고, 즐거워하며, 누리기를 원하시는 아버지,
아버지께서 주신 모든 것을 즐거워하기 원합니다.

배우자의 삶이 유머를 잃지 않고 웃음이 넘치길 기도합니다.
어떤 순간에도 마음의 여유를 놓치지 않게 하소서.
함께 나누는 유머를 통해 결혼 생활의 활력을 얻기 원합니다.
아버지께서 선물로 주신 웃음을 잃어버리지 않게 하소서.
많이 웃고, 서로 웃어 주는 즐거운 부부 되게 하소서.

"그때에 우리 입에는 웃음이 가득하고 우리 혀에는 찬양이 찼었도다…
여호와께서 우리를 위하여 큰일을 행하셨으니 우리는 기쁘도다"
(시 126:2-3).

일희일비하지 않겠다고 어떤 일에도
기뻐할 줄 모르는 사람 되지 말게 하소서.
기쁜 일을 뛸 듯 기뻐할 줄 알게 하소서.
웃긴 일을 크게 웃을 수 있는 마음 허락하소서.
행복함을 온몸으로 표현할 수 있는 부부 되게 하소서.
기쁨의 근원이 되시는
예수 그리스도의 이름으로 기도합니다. 아멘!

91

칭찬에는 감사하고
조언에는 수용하게 하소서

하나님 아버지,
인생의 연약함을 아시는 아버지, 감사합니다.
우리의 마음이 주님 안에서 안정되기를 기도합니다.
서로의 대화에서 좋은 의도를 발견할 수 있게 도와주소서.
우리 부부가 서로 신실하게 사랑하고 있음을 믿게 하소서.
그래서 의견이 엇갈릴 때에도 서로에게 상처를 주지 않게 하소서.

칭찬하면 교만해지고,
조언하면 열등감에 빠지는 반복에서 벗어나게 하소서.
칭찬하면 감사하고, 조언하면 지혜로워지게 하소서.
우리 부부의 마음에 교만함이 아니라,
높은 자존감이 자리 잡게 하소서.
우리 부부의 마음에 열등감이 아니라, 겸손함을 가지게 하소서.
그래서 칭찬도, 충고도 몸에 좋은 양약처럼
우리를 살리는 것이 되게 하소서.

"오직 너 하나님의 사람아 이것들을 피하고
의와 경건과 믿음과 사랑과 인내와 온유를 따르며"
(딤전 6:11).

판단과 무시에서 벗어나고,
이해와 수용이 가득하길 원합니다.
교만과 열등감 사이를 오고 가지 않고
자기 존재 자체의 존귀함을 갖게 하소서.
모든 부족함을 채우시는 분이 계시오니
두려워할 것이 없습니다.
하나님 앞에 언제나 의연한 부부 되게 하소서.
나의 모자람을 채우시는
예수 그리스도의 이름으로 기도합니다. 아멘!

92

상대가 원하는 방식으로 사랑을
표현하게 하소서

하나님 아버지,
언제나 나에게 가장 맞는 방법으로
나를 인도하신 아버지, 감사합니다.
모든 사람들을 획일적으로 대하지 않으시고,
따뜻한 손길로 나의 길을 인도하셨습니다.
그 하나님의 사랑을 기억하며 주님을 찬양합니다.
늘 우리의 마음과 상황과 여건에 따라
우리를 다루시는 은혜에 감사합니다.
그 하나님의 마음을 닮아 배우자를 바라보게 하소서.

내가 원하는 방식의 사랑이 아니라,
배우자가 원하는 방식의 사랑을 주게 하소서.
나에게 편리한 방식이 아니라,
배우자에게 맞춰 주는 마음을 갖게 하소서.
사랑에게 이기적이지 않게 하소서.
상대는 받지 않았는데 나는 주었다 주장하지 않게 하소서.

"주라 그리하면 너희에게 줄 것이니
곧 후히 되어 누르고 흔들어 넘치도록 하여 너희에게 안겨 주리라
너희가 헤아리는 그 헤아림으로 너희도 헤아림을 도로 받을 것이니라"
(눅 6:38).

배우자의 기쁨이 무엇인지를
아주 작은 것이라도 살펴보는 사랑을 갖게 하소서.

나의 선택과 주장과 방식을 돌아봅니다.
나는 언제나 내가 원하는 때에,
원하는 방식으로 하지 않았는지요.
나를 중심으로 하였던 것들을 내려놓고,
주님의 방식을 따라가기 원합니다.
언제나 하나님의 사랑을 빗대어
나의 사랑을 세워 가게 하소서.
나의 사랑의 원천 되시는
예수 그리스도의 이름으로 기도합니다. 아멘!

93

하나님이 원하시는 곳으로
느리지만 꾸준히 나아가게 하소서

형통케 하시는 하나님 아버지,
우리의 전 인생을 인도하시는 아버지, 감사합니다.
삶에 우여곡절이 있을 때에도
우리 가운데 형통함을 주시는 줄 믿습니다.
요셉의 인생이 굴곡져 있을 때에도
하나님은 형통한다 하셨습니다.
고난의 길이 길어지고, 난관에 부딪히는 순간에도
하나님의 뜻 안에 있음을 믿습니다.
하나님은 멀리 보시고,
우리는 너무 짧게만 보아 이해하지 못함을 용서하소서.

어떻게 고난의 길이 형통일 수 있냐며
부르짖을 때에 말씀하여 주소서.
하나님의 계획하신 길로 나아가고 있다면,
그것이 바로 형통임을 알게 하소서.
노예로 팔려 가고, 감옥에 갇혔지만,

"자녀들아 우리가 말과 혀로만 사랑하지 말고
행함과 진실함으로 하자"
(요일 3:18).

하나님이 원하시는 곳으로 가고 있었습니다.
어쩌면 그것이 최단거리였을지도 모릅니다.
우리 부부의 인생도 고난을 만날 때에
전진하고 있음에 감사하게 하소서.

내 생각보다 느려도 아버지 안에 있다면
조금씩 나아가고 있음을 믿게 하소서.
빨리 가려다 죄의 길로 가기보다,
늦게 가더라도 아버지의 길을 가게 하소서.
배우자의 마음에 지름길을 찾기보다
올바른 길을 찾는 마음을 주소서.
느려도 조금씩 나아가는 하나님의 길로 가는
아버지의 자녀 되게 하소서.
아버지의 뜻대로만 사신
예수 그리스도의 이름으로 기도합니다. 아멘!

94

서로에게 거짓말하지 않고 정직하게 하소서

온전하신 하나님 아버지,
아버지의 말씀은 참 진리이며 능력이 됨을 찬양합니다.
하나님의 언어는 언제나 신실하고 실수가 없습니다.
그러나 우리의 언어는 온전하지 못함을 고백합니다.
언제나 거짓이 섞여 있고, 과장되며,
자기중심적임을 회개합니다.
아버지 앞에 드리는 기도조차
때로는 정직하지 못했음을 용서하소서.

배우자의 언어가 정직하기를 위해 기도합니다.
자신의 이익을 위해 거짓을 말하지 않게 하소서.
하나님 앞에, 사람 앞에 정직하게 하소서.
세상을 살아갈 때 어리석다 할지라도
거짓보다 정직이 나음을 알게 하소서.
우리 부부의 언어가 정직하여 언제나 서로를 신뢰하게 하소서.

"하나님이여 내 속에 정한 마음을 창조하시고
내 안에 정직한 영을 새롭게 하소서"
(시 51:10).

정직한 자에게 주시는
하나님의 복을 보여 주는 삶이 되게 하소서.
가정에서, 이웃에게서, 회사에서, 교회에서
언제나 정직한 사람 되게 하소서.
그래서 자녀에게 정직하라 말할 필요 없이,
보여 주는 부모가 되게 하소서.
필요할 때마다 적절히 거짓말을 하는 습관을
우리 부부 모두가 버리게 하소서.
나의 주 예수 그리스도의 이름으로 기도합니다. 아멘!

95

내 방식을 강요하지 않고
배우자의 방법을 배우게 하소서

사랑의 하나님 아버지,
인간을 사랑하시되 자신의 아들까지 주시며
사랑하신 아버지를 찬양합니다.
우리를 사랑하여 기뻐하시고 존귀하게 하신
그 사랑에 감사를 드립니다.
우리 부부도 주님을 닮아
사랑하고 그 사랑을 실천하는 사람들 되기 원합니다.
성의 없는 고백이 아니라, 집요한 질문이 아니라,
진심으로 사랑하고 표현하게 하소서.
"사랑해?"라고 묻고 "사랑해"라고 대답하는 방식을 벗어나
진실된 마음을 전하게 하소서.

서로에게 필요한 사랑의 표현에 관심을 갖기 원합니다.
누군가는 도움을 통해, 누군가는 칭찬을 통해 사랑을 확인합니다.
누군가는 따뜻한 포옹으로, 누군가는 함께함으로 사랑을 확신합니다.
나의 배우자가 진심을 느끼는 사랑의 표현이 무엇인지 알게 하소서.

"…여호와께서 요셉과 함께하심이라
여호와께서 그를 범사에 형통하게 하셨더라"
(창 39:23).

그리고 나의 방식이 아니라,
배우자가 기대하는 방식으로 사랑을 표현하게 하소서.

왜 내 마음을 몰라 주냐고 외치기 전에
내 마음을 전달하는 방식을 배우게 하소서.
배우자의 마음까지 전달되는 사랑의 언어를 찾고
그 언어로 전달하게 하소서.
사랑하면서 서로 전달되지 않는 마음 때문에
오해하는 일이 없기 원합니다.
한국말이 아니라 마음의 언어를 잘 소통하는 부부 되게 하소서.
희생으로 사랑을 증명하신
예수 그리스도의 이름으로 기도합니다. 아멘!

96

온 가족의 구원을 위해
함께 동참하게 하소서

하나님 아버지,
이 세상을 살면서 가장 값지고 귀한 것은 하나님을 아는 것입니다.
하나님이 베푸신 구원의 은혜를 얻는 것보다
더 소중한 것은 없습니다.
그 구원의 기쁨을 내가 누리고, 배우자가 누리게 하소서.
그리고 그 구원을 전하기 위해
우리 부부가 하나 되기 원합니다.
하나님을 알지 못하고 지내는 모든 이들을
불쌍히 여기게 하소서.

우리 부부의 부모님들이
하나님께 나아가기 위해 기도하기 원합니다.
만약에 구원을 이루지 못하셨다면,
우리의 행실을 조심하게 하소서.
우리 부부의 삶이 말씀의 증거가 되오니
실족하시게 하는 일이 없게 하소서.

"너희는 세상의 빛이라… 이같이 너희 빛이 사람 앞에 비치게 하여
그들로 너희 착한 행실을 보고 하늘에 계신
너희 아버지께 영광을 돌리게 하라"
(마 5:14, 16).

부모님들의 문화와 삶을 존중하기 원합니다.
그분들의 삶의 여정은
곧 우리 부부를 키우시기 위한 것들이었음을 기억합니다.

감사함으로 지난 삶을 존중하고,
하나님의 구원을 전하기 위해 잘 섬기게 하소서.
우리가 걸어 다니는 교회임을 알게 하소서.
말이나 행실에 넉넉함과 예의를 갖게 하시고,
사랑으로 섬기게 하소서.
그래서 어느 날 복음을 전할 때에
"너희가 믿는 하나님을 나도 믿겠다" 하게 하소서.
나의 구원이 되시는
예수 그리스도의 이름으로 기도합니다. 아멘!

97

사람의 인정보다 하나님의 인정을
더 구하는 부부되게 하소서

나의 주 하나님 아버지,
언제나 우리 모든 인간의 주인 되심을 고백합니다.
아버지의 인도하심이 이 세상 무엇보다
올바른 것이며 아름다운 것입니다.
그 하나님이 함께하심에 감사를 드립니다.
배우자를 위하여 기도합니다.
사랑하는 배우자가 하나님과 동행하게 하소서.

사람의 인정 없이 세상에서 살아가기 너무 어려운 시대입니다.
그럼에도 불구하고 사람의 인정보다
하나님의 인정을 더 구하게 하소서.
하나님께 인정받는 삶이 사람에게도 덕이 될 것을 믿습니다.
그러나 때로 두 인정함 사이에
갈등이 생길 때에 하나님을 선택하게 하소서.
진정 배우자를 돕고 인도하실 분은
하나님밖에 없음을 알게 하소서.

"내가 여호와께 아뢰되 주는 나의 주님이시오니
주밖에는 나의 복이 없다 하였나이다"
(시 16:2).

사람을 떠나야 하는 순간이 때로 두렵고
길이 막힐까 조급해집니다.
그러나 악한 자를 떠나는 것을 지체하지 말게 하소서.
모든 사람에게 인정받을 필요가 없으며,
옳은 것을 선택하는 것이 좋음을 알게 하소서.
하나님 안에 선함이 있고, 미래가 있고,
복음이 있음을 믿습니다.
나의 주인 되시는
예수 그리스도의 이름으로 기도합니다. 아멘!

98

선하고 아름다운 부모가 되게 하소서

아버지 되시는 하나님,
오늘도 나의 아버지 되셔서
나에게 새로운 은혜를 부어 주심에 감사합니다.
나에게 부모가 없을지라도
아버지께서 참된 나의 부모가 되어 주십니다.
하나님의 은혜로 배우자를 만나고 살게 하시니 감사합니다.
누구나 누리는 것이 아님을 인정하고 감사를 드립니다.
외로운 이 세상 길을 살 때에
함께 사랑하고 위로하라고 주신 줄 믿습니다.

배우자와 함께 자녀를 낳고 키울 때에
아버지의 사랑을 힘입어 양육하게 하소서.
우리 부부가 동일하게 좋은 부모가 되겠다는
같은 소망을 갖게 하소서.
그리고 자녀를 하나님의 말씀 안에서
양육하기 위해 노력하게 하소서.

"또 아비들아 너희 자녀를 노엽게 하지 말고
오직 주의 교훈과 훈계로 양육하라"
(엡 6:4).

좋은 부모의 정의가 서로 달라서
다투는 일이 없게 하소서.
세상의 규정이 아니라,
성경이 말하는 선하고 아름다운 부모가 되게 하소서.

자녀들이 하나님을 알고 그 뜻 안에 있기 위해
날마다 기도하는 부모 되게 하소서.
그들을 감정이 아니라 하나님의 마음으로 양육하고
옳은 길로 인도하게 하소서.
자녀를 다른 사람들의 자녀와 비교하는 일을 멈추게 하소서.
자녀만의 독특한 부르심과 성품을 알아주고 키워 주는
부모 되기 원합니다.
나의 보호자 되시는
예수 그리스도의 이름으로 기도합니다. 아멘!

99

일상의 부담을 함께 감당하게 하소서

하나님 아버지,
언제나 우리의 무거운 짐을 덜어 주시고
쉬게 하시는 아버지, 감사합니다.
주님의 품 안에는 안식이 있고, 평안이 있는 줄 압니다.
그 주님의 사랑이 우리 가정에도 가득하게 하소서.
배우자와 함께하는 일상생활에서 서로의 짐을 나눠 지기를 원합니다.
모든 일에 서로 사랑의 마음으로 소통할 수 있게 도와주소서.

집안일을 할 때, 육아를 할 때,
자녀의 문제를 처리할 때, 부모님을 섬길 때,
다양한 감당해야 하는 일들 앞에서 서로 이기심을 버리게 하소서.
이 모든 일은 누구 한 사람의 일이 아니라,
우리 둘의 일이라는 것에 동의하게 하소서.
그래서 일을 해 주는 것이 아니라,
같이 하는 것이 되기 원합니다.

> "각각 자기 일을 돌볼뿐더러
> 또한 각각 다른 사람들의 일을 돌보아
> 나의 기쁨을 충만하게 하라"
> (빌 2:4).

부부가 언제나 선뜻 짐을 나누어 지고,
자신의 일처럼 대하는 태도를 허락하소서.

남자가 하는 일과 여자가 하는 일의 차이는 없습니다.
우리 모두의 가정이며, 우리 모두의 가족임을 명심하게 하소서.
배우자의 불행은 곧 나의 불행이라는 것을 알게 하소서.
나의 편안함에 안주하다가
배우자의 사랑을 잃을 수 있음을 기억하게 하소서.
언제나 나의 짐을 덜어 주시는
예수 그리스도의 이름으로 기도합니다. 아멘!

일평생 하나님을 찬양하고 감사하는
부부되게 하소서

모든 것 되시는 하나님 아버지,
나의 생명이 되시고, 나의 모든 것이 되시는 아버지, 감사합니다.
하나님 없이 우리 부부는 아무것도 아님을 고백합니다.
일평생을 살면서 하나님을 찬양하고 감사드리는 부부 되게 하소서.
배우자의 입술에서 하나님을 찬양하는 노래가
날마다 높여지기 원합니다.
그 마음에서 넘치는 기쁨이
하나님으로 인한 것이길 소망합니다.

일평생을 살면서 무엇보다 하나님께 순종하는 삶을 살게 하소서.
사람들이 뭐라 해도 언제나 하나님이
기준이 되시는 삶 되기 원합니다.
우리 부부의 선택이 언제나 하나님의 뜻에 고정되게 하소서.
아침에 일어날 때 찬양하게 하시고,
밤에 잠들 때에 기도하게 하소서.
일상이 하나님과의 동행이 되게 도와주소서.

"내 평생에 선하심과 인자하심이 반드시 나를 따르리니
내가 여호와의 집에 영원히 살리로다"
(시 23:6).

나의 주 하나님의 함께하심이
우리 가족 한 사람, 한 사람에게 임하기 원합니다.

우리 부부의 최고의 우선순위는 하나님이십니다.
언제나 예배하는 일을 기뻐하게 하시고,
말씀 안에 사는 부부 되게 하소서.
먹든지 마시든지 주님의 영광을 위해 사는 부부 되게 하소서.
나의 전부 되시는
예수 그리스도의 이름으로 기도합니다. 아멘!

사명선언문

너희가 흠이 없고 순전하여……세상에서 그들 가운데 빛들로
나타내며 생명의 말씀을 밝혀 _ 빌 2:15-16

1. 생명을 담겠습니다
만드는 책에 주님 주신 생명을 담겠습니다.
그 책으로 복음을 선포하겠습니다.

2. 말씀을 밝히겠습니다
생명의 근본은 말씀입니다.
말씀을 밝혀 성도와 교회의 성장을 돕겠습니다.

3. 빛이 되겠습니다
시대와 영혼의 어두움을 밝혀 주님 앞으로 이끄는
빛이 되는 책을 만들겠습니다.

4. 순전히 행하겠습니다
책을 만들고 전하는 일과 경영하는 일에 부끄러움이 없는
정직함으로 행하겠습니다.

5. 끝까지 전파하겠습니다
모든 사람에게, 땅 끝까지, 주님 오시는 그날까지
복음을 전하는 사명을 다하겠습니다.

서점 안내

광화문점	서울시 종로구 새문안로 69 구세군회관 1층 02)737-2288 / 02)737-4623(F)
강남점	서울시 서초구 신반포로 177 반포쇼핑타운 3동 2층 02)595-1211 / 02)595-3549(F)
구로점	서울시 동작구 시흥대로 602, 3층 302호 02)858-8744 / 02)838-0653(F)
노원점	서울시 노원구 동일로 1366 삼봉빌딩 지하 1층 02)938-7979 / 02)3391-6169(F)
일산점	경기도 고양시 일산서구 중앙로 1391 레이크타운 지하 1층 031)916-8787 / 031)916-8788(F)
의정부점	경기도 의정부시 청사로47번길 12 성산타워 3층 031)845-0600 / 031)852-6930(F)
인터넷서점	www.lifebook.co.kr